KB097914

관계가 상처가 되기 전에

관계가 상처가 되기 전에

후회, 집착, 불안을 멈추는 관계 회복 심리학

장자치 지음 | 박소정 옮김

좋은 관계를
시작하기 위한
첫걸음

前 국립대만대학병원 수석 임상심리사 쩡신이(曾心怡)

상담소를 찾는 사람들이 주로 겪는 심리적 어려움을 한 단어로 설명해야 한다면, 나는 '사랑'이라고 말하겠다. 친구와의 사랑, 연인과의 사랑, 배우자와의 사랑, 부모와 자식 간의 사랑…. 많은 사람이 누군가와 사랑하길 원하지만 제대로 사랑하지 못하고, 사랑을 두려워하면서도 놓지는 못한다. 잃어버린 한쪽 the missing piece 을 찾아 사랑을 주고받으며 온전한 자아를 만들길 원한다.

여기에 몇 가지 문제가 있다. 상대에게는 나와 다른 그 사람만의 모습, 기질, 삶의 방향이 있다는 것이다. 이 사실을 받아들이지 못하면 관계는 어떤 모습이 될까? 자기가 원하는 모습으로 상대를 바꾸려고 하거나, 반대로 상대가 원하는 사람이 되려고 애쓸 것이다. 정작 자신의 마음은 전혀 돌보지 못한 채로 말이다.

장자치 박사를 알게 된 건 대만대학교 심리연구소에서 근무하던 때로 거슬러 올라간다. 당시 나는 대만대학교 병원의 임상심리사였고, 그는 심리사 실습 수련을 하고 있었다. 우리는 각종 임상 시나리오 대처 방안이나 관련 이론을 같이 논의할 기회가 많았다.

세미나 때마다 혼자 열심히 고민한 문제를 토의 주제로 내밀던 그의 남다른 면을 눈여겨보면서, 자신이 다루는 문제와 이론을 연계해 보면 좋겠다고 생각했다. 이후로도 저자는 심리문제에 꾸준히 관심을 갖고 끊임없이 고민했으며, 학업과 일에서 독자적인 영역을 구축해 갔다.

《관계가 상처가 되기 전에》는 저자가 내담자들과 지속적으로 소통하며 얻은 결과물이다. 그들의 관계가 아프고 괴로운 이유를 심리학 개념과 연결해 찾았다. 누군가를 사랑할 때 어떤 심리적인 변화가 나타나는지, 또 어떻게 해야 관계를 유지하면서 자신을 보호할 수 있는지 설명하려고 노력했다.

삶이 불안할수록
관계에 집착한다

심리학에서 유명한 자기결정성 이론 Self-determination Theory을 보면 유능성 Competence, 관계성 Relatedness, 자율성 Autonomy 이라는 인간의 기본 심리 욕구 세 가지가 나온다. 이 욕구가 모두 채워지면 누구나 심리적으로 건강해진다는 것이다.

인생을 잘 살기 위해선 무엇을 해냈다는 자부심, 긍정적인 소속감, 스스로 삶을 이끌어 가는 능력 등을 키워야 한다. 실패할 경우 주변의 친밀한 관계에서 결핍을 채우려는 함정에 빠진다. 자신의 인생을 주변인들에게 떠넘기는 것이다. 그러나 누군가에게 의지하려는 마음은 두 사람의 사이를 더 악화시킬 뿐이다.

이 책은 건강하지 않은 관계의 유형을 희생형, 통제형, 증오형, 무신뢰형, 다중 연애형, 기생형으로 나누어 각각의 유형과 대응하는 심리적 문제의 원인을 알려 준다.

또, 다양한 상담 사례를 통해 관계 속에서 심리적 만족감을 채우려는 사람들이 주로 어떤 행동을 보이고 어떤 결말에 이르는지 보여 준다. 자신의 욕구를 타인에게 떠넘기면 언젠가 더욱 큰 인생의 문제를 마주한다는 사실을 깨닫게 될 것이다.

나를 먼저
알아야 하는 이유

사실 많은 사람이 부정적인 감정의 원인, 채워지지 않는 욕구, 삶의 여러 가지 과제 등을 옆에 있는 이의 손에 넘긴다. 방법은 다양하다. 자신의 자아를 숨긴 채 상대의 장단을 맞추려고 노력하거나 상대를 내가 원하는 사람으로 바꾸려고 시도한다. 좋은 관계를 만들기 위한 노력이라 포장하지만, 실은 여러 사람과 관계를 맺고 유지하면서 외로움을 마주하지 않으려는 마음일 가능성이 크다.

살면서 언젠가는 혼자가 되는 순간이 온다. 고독을 직시하고 혼자서 잘 지내는 연습을 한다면 고독이 마냥 부정적인 감정이 아니라 하나의 상태일 수 있다는 점을 받아들이게 된다.

누구나 자기 마음이 내는 소리를 듣고 머리가 내보내는 자막을 볼 수 있다. 이는 자신만의 고유한 생각이고, 스스로 판독한 내용이며, 감정을 느끼는 원천이다. 이런 소리와 글이 시작된 출발점을 알아내고 자신을 어떠한 결과로 이끄는지 관찰하는 것이 상처뿐인 관계를 해결하는 첫걸음이다.

저자는 "자기 마음에 온전히 집중할 수 있다면 살면서 필요한 성장을 마친 상태에 이른 것"이라고 말한다. 내적 성장을 처음 시작할 때 사람들은 자신이 사랑에 어떠한 모습을 기대했는

지, 또 상대의 손에 무엇을 맡겼는지 마주한다. 이러한 과정을
거치며 감정의 스위치를 되찾고 관계와 삶의 주도권을 손에 쥐
는 것이다.

　인생에 쌓인 내면의 과제를 스스로 처리할 수 있어야 주변
사람과 함께하며 관계를 발전시킬 수 있다. 부디 이 세상 모든
사람이 마음의 성장을 이루고, 사랑 안에서 편안히 머무르기를
바란다.

우리의 상처는 어디서 왔을까?

유명 심리 유튜버 겸 작가 스키미(SKimmy)

"구리를 거울삼으면 의관을 정제할 수 있고, 역사를 거울삼으면 역대 왕조의 흥망성쇠를 알 수 있으며, 사람을 거울삼으면 득과 실을 분명히 할 수 있다"

당태종(중국 당나라 2대 황제)이 남긴 이 유명한 말처럼 장자치 박사는 거울 비유를 사용해 인간관계를 설명한다. 누구나 거울이 될 수 있다. 삶의 성공과 실패와 같은 세속적인 모습뿐만 아니라 마음의 밝고 어두운 면까지 낱낱이 비춘다.

나는 2년 전 심리 상담 클리닉에 다니면서 자아를 비추는 여정을 시작했고, 모든 인간관계가 스스로를 거울에 비추는 과정이라는 사실을 알게 되었다. 산산조각이 난 대상은 산산조각이 난 자신을, 혼란에 빠진 대상은 혼란에 빠진 자신을 보여 주었다.

사람은 누구나 고유한 색깔이 있다. 누군가와 마주할 때면 그가 지닌 색깔이 우리 내면에서 그 색채에 해당하는 부분을 비춘다. 재미있다. 물론 자아가 산산조각이 났거나 혼란에 빠진 상태일 때는 사실을 직면하는 과정이 너무 고통스럽지만 말이다.

자아 성찰의 여정을 시작하기 이전의 인간관계를 되돌아보면 모두가 관계가 상처가 되기 직전의 상태였다. 대학생 때 짧은 연애를 끝내고 동네 공원에 앉아 밤새 펑펑 운 적이 있다(이웃들이 꽤나 놀랐다). 사회생활을 시작한 뒤에는 기대만큼 인간관계가 순조롭지 못할 때마다 별것 아닌 일에도 감정을 마구 분출했다. 당시에는 너무 괴로웠고 어찌할 바를 몰랐다.

《관계가 상처가 되기 전에》에서 여섯 가지의 불건강한 관계 유형을 알게 됐을 때 가장 먼저 주변 사람들이 떠올랐다. 마치 그들이 귀에 대고 "이거 네 얘기야"라고 속삭이는 것 같았다. 첫 장을 읽으며 관계의 상태를 점검할 때는 벼락이라도 맞은 것처럼 울컥해서 눈물을 떨궜다. 마음속에서 가장 똑바로 보

　　　　　　　　　　　관계가 상처가 되기 전에

고 싶었던 부위를 비추어 속이 다 후련해지는 기분이었다.

자신의 감정을 마주해야
상대의 마음도 안을 수 있다

최근 몇 년간 심리 상담, 심리학자 친구들과 진행한 팟캐스트, 명상이나 요가와 같은 힐링 수단 등을 이용해 불건강한 관계를 유지했던 지난날과 이별했다. 내게 장착되었던 고장난 가치관(저자의 표현이 참으로 절묘했다)을 제거했으며 행복하고 안정된 관계를 얻었다. 예전의 경험을 돌아보며 그 시절의 불건강한 애착 유형이 어디에서 비롯했고 왜 생겨났는지 찬찬히 분석하게 되었다.

증오형 관계 유형을 다루는 장에서는 감정이 억눌린 아이의 이야기가 나온다. 그 아이는 커서 누군가와 친밀한 관계를 맺을 때 사랑과 증오를 동시에 경험한다. 내게도 한동안 해가 저물면 전 연인을 증오하는 마음이 들었던 시기가 있었다. 이유는 알 수가 없었다. 이 장을 읽고 나서 마침내 광명을 찾은 듯한 기분이 들었다. 예전 연인이 마음속 고통을 거울 보듯 비추었고, 자라면서 마음에 쌓아 둔 억울한 감정을 떠올리게 만들었던 것이다.

책을 읽는 내내 눈물을 쏟았다. 그러고는 옆에 있던 지금의 연인에게 "우리가 막 사귀기 시작했을 때랑 비교하면 지금 내 감정 상태가 어떤 것 같아?"라고 물었다. 그가 휴대전화를 내려놓고 잠시 고민하더니 대답했다. "전보다 자기 감정에 더 솔직해졌어."

우리는 자아를 거울에 비추는 과정을 거친 뒤에 마침내 자신의 진정한 모습을 알게 된다. 이 과정은 결코 쉽지 않지만, 그 여정을 이겨 낸다면 〈겨울왕국〉의 엘사Elsa 처럼 선천적인 감정 마법을 자유롭게 휘두를 수 있게 될 것이다. 그 뒤엔 우리 모두 행복해질 일만 남게 될 것이다.

관계 때문에
상처 받고 싶지 않은
이들을 위하여

"심리 상담이 쓸모 있긴 해? 기분이 안 좋으면 친구나 가족과 수다 떨면 되지 않아?"

심리학을 전공하면서부터 늘 이런 질문을 받았다. 심리상담사가 어떻게 훈련받고 어떤 기술을 가지고 있는지 하나하나 다 설명해도 여전히 미심쩍어 하는 사람들이 많았다. 이성적으로 설명하는 것보다 그럴듯한 비유를 드는 편이 낫다는 걸 깨달은 다음부터는 상대방에게 이런 식으로 물었다.

"보통 자기 얼굴이나 옷차림이 깔끔하지 못한 것 같을 때 어떻게 하나요?"

"거울에 비춰 보면 바로 알 수 있죠."

"그럼 생각이나 감정이 혼란스러울 때 어디서 막히고 무엇을 조절해야 하는지를 비추는 당신만의 거울이 있나요?"

우리는 거울 덕분에 용모와 복장 상태를 점검하고 지나치게 긴 수염이나 번진 아이라인을 알아차린다. 심리 상담이 시작되면 나는 생각의 반사경이 되어 내담자가 자신의 정신 상태와 감정의 색채를 바라보도록 도와준다. 그동안 소홀히 했던 자아의 사각지대를 살피라고 알려 주는 것이다.

한 내담자는 1년 전 가까운 관계에서 견디기 힘든 고통을 겪었다. 거의 매주 자신의 배우자와 원수라도 진 것처럼 심하게 부딪히고 싸웠다. 그는 총 마흔 시간에 걸친 상담을 통해 분노의 사각지대를 돌아보고 자아를 성찰하며 배우자와 관계를 회복했다. 그리고 상담이 끝날 때쯤 웃는 얼굴로 이렇게 말했다.

"상담을 하면서 마침내 제가 어떤 사람인지 알았어요. 감정적으로 위로받기도 했지만, 미처 보지 못한 사각지대를 알아차리도록 이끌어 주셨던 게 큰 도움이 되었어요. 이를 완벽하게 정리했을 때 제 삶에 막혀 있던 많은 일이 해결됐고요. 처음엔 저도 좀 당혹스러웠어요. '나를 가장 잘 아는 사람은 나인 게 분명한데 왜 전에는 그 사각지대를 보지 못했을까' 하고 말이에요. 이제는 그 사각지대가 스스로 처리하지 못한 과거의 고통이었고, 또 두려워서 외면했던 감정이라는 사실을 알아요. 이제는 평온한 마음으로 사랑하는 사람과 함께할 수 있어서 진심으로 기뻐요."

내담자가 성장하는 모습을 지켜보는 일은 언제나 감격스럽다. 그러나 더 많은 사람이 내적 변화를 통해 행복한 삶을 살면 좋겠다는 생각을 자주 한다.

고통의 참된 원인을
파고들다

"누군가의 감정을 비추는 거울이 된 이후로 줄곧 이 책을 쓰고 싶었다. 당신이 자기 내면의 색에 관심을 가지는 데 이 책이 도움되길 바라면서 말이다."

출판사 편집장과 처음 회의했을 때 내 모든 실무 경험과 연구 경험에 근거해서 신나게 여러 가지 주제를 이야기했다. 친구나 연인 같은 친밀한 관계, 가족 간의 관계, 직장에서의 관계 등 모든 인간관계에서 내가 이해한 바를 더 많은 사람과 공유하고 싶었다.

그들과 깊은 대화를 나눈 끝에 심리학 분야에서 감정과 관련된 내용은 이미 많이 다뤘으니 이제는 한발 더 나아갈 때라고 느꼈다. 이 책에서 소개하는 심리학 개념들은 스스로 감정을 통제할 수 없는 상황이 닥쳤을 때 원인이 무엇인지 깊이 살펴볼 수 있도록 도울 것이다.

왜 사랑할수록
더 상처 받을까?

"선생님, 왜 그 사람을 사랑할수록 제 마음이 다칠까요?"

예전에 만난 내담자들을 돌이켜 봤을 때 인간관계로 인한 문제는 마치 벗어나기 힘든 밀실과 같다는 생각이 든다. 누군가와의 관계가 선로를 벗어난 열차처럼 점점 어긋나고 있다는 걸 알면서도 감정의 스위치를 쉽게 제어하지 못한다.

팽팽한 긴장감에 휩싸여 미움과 집착을 주고받고 있다면 관계는 아픈 상처가 되기 직전이라는 뜻이다. 자아 성찰 능력이 충분하지 않아 갈등의 원인을 파악하지 못한다면, 상황은 악화

되고 상처는 여러 번 덧나서 평생 아물지 않는 흉터가 된다.

　이 굴레에서 벗어나고 싶다면 자기 내면의 어떤 그림자가 관계를 희생양으로 만드는지 살펴봐야 한다.

　이 책에 나오는 여섯 가지 관계 유형은 어긋난 관계가 항로로 되돌아올 수 있도록 분명한 방향을 제시한다. 홀대하던 감정과 마음을 어루만져, 부디 밝고 건강한 미래로 함께 나아갈 수 있길 바란다.

장자치

CHAPTER 3.

나는 왜 그 사람이
한심하게 느껴질까?

생각을 강요하지 않는 법

CHAPTER 4.

우리는 왜 미움을 사랑이라
착각하는 걸까?

마음속 분노를 멈추는 법

CHAPTER 1

우리는 왜
매번
비슷한 이유로
어긋날까?

관계에 상처를 받는 이유

고통스러운 관계를 유지하는 이들은
무의식적으로 자신에게 거짓말을 한다.
'언젠가는 이 지긋지긋한 사랑에서 벗어날 것'이라며
미련하게 스스로를 위로하는 것이다.

왜 당신을
사랑할수록
아플까?

괴로운 관계 속에서 몸부림친 경험이 있는가? 나를 아프게 하는 사람을 사랑하고 있지는 않은가? 상대가 주는 사랑을 피부로 느끼지만, 그 사랑 때문에 고통을 느끼는 것도 사실이다.

연인 간이든 부모와 자식 간이든 사람들은 누군가와 친밀하고 가까운 사이가 되고 싶어 하고, 고통과 충돌이 없기를 바란다. 그러나 기대와는 전혀 다른 관계가 될 때가 더 많다.

타이밍이 어긋난 것일까, 아니면 대상이 잘못된 것일까? 원인은 알 수 없다. 상대방이 소중하지만 어느 순간부터 그 사람과 함께하는 시간이 힘들다고 생각한다. 수없이 많은 상처를 주고받았으면서도 관계를 끊어내지 못한 채 그저 고통을 안고 산다.

건강하지 않은 관계에서 흔히 보이는 패턴이다. 아래의 예시처럼 절절한 애정과 처절한 고통의 경계에 서서 불안과 집착에 휩싸인 상태로 머무른다.

- 그 친구는 자기가 얼마나 저에게 잘하는지 귀가 닳도록 얘기해요. 또 저를 위해 애쓰고 있다며 끊임없이 표현해요. 그런데 저는 이 친구 옆에만 가면 가슴이 너무 답답하고 지쳐요.
- 저는 그 친구가 무척 소중하지만, 그 애와의 우정 때문에 제 자신을 잃었어요. 마치 운명 공동체 같아요. 혼자서 할 줄 아는 게 전혀 없고 뭐든 저에게 의지해서 숨을 못 쉬겠어요.
- 엄마는 항상 폭발하듯 감정을 표출해요. 화나면 감정 제어가 안 되고 이성을 잃어서 완전히 다른 사람 같아요. 화가 났을 때 하는 말을 들어 보면 엄마가 저를 사랑하는 게 맞는지 의아할 정도예요.
- 저와 그 사람의 사이에는 신뢰가 없어요. 그의 마음은 언제나 저를 향한 의심으로 가득해요. 가슴에 구멍이라도 난 것처럼 안정감이 채워지지 않는지, 제가 뭘 하든 믿음이 생기지 않나 봐요.

관계가 상처가 되기 전에

- 아빠는 저를 관리하려고 갖은 궁리를 해요. 하나부터 열까지 다 통제해야 직성이 풀리고 매사에 불만투성이에요. 그러면서 "이게 다 너를 위해서야"라는 말을 입에 달고 살아요.
- 저는 그 사람뿐인데 그 사람은 저한테 계속 소홀해요. 그때마다 가슴이 찢어지는 것 같아요.

위 이야기를 듣고 누군가가 떠올랐다면 당신도 이미 부정적인 관계 패턴을 경험해 봤다는 의미다. 지금 곁에 있는 사람이 당신을 괴롭히는 방식으로 사랑하고 있을 가능성이 크다.

부정적인 관계 패턴은 어느 한 관계에만 국한되지 않는다. 자신도 모르는 사이에 점점 주위의 다른 관계로 번진다. A와의 문제를 B와도 겪으며 고통받는 이유이다.

상처뿐인 관계를
놓지 못하는
사람들

혹시 아래의 이야기가 당신의 모습은 아닌지 체크해 보자.

□ 저는 인간관계에 모든 걸 쏟아 붓는 스타일이에요. 마치 그
   것 말고는 중요한 게 없는 사람처럼 그래요.

□ 저는 사랑하는 사람과 단 1분 1초도 떨어질 수 없어요. 떨어
   지면 너무 괴롭거든요.

□ 저는 제 곁의 사람들에게 종종 분노를 쏟아부어요. 화가 나
   면 뒷일을 생각하기가 겁이 날 정도로 이성을 잃어요.

□ 저는 주위 사람들에게 요구하는 조건이 많아요. 제가 관심을

주는 사람은 언제나 저를 실망시켜요. 그래서 누군가를 신뢰하는 일이 늘 어려워요.

☐ 제가 사랑하는 사람은 스스로를 책임지지 못해요. 하나부터 열까지 다 챙길 수밖에 없어요.

☐ 누군가와 안정적인 사이가 되면 말로 표현하기 힘든 공허함을 느껴요. 그래서 또 다른 대상과 애정을 쌓아야만 공허함을 해결할 수 있어요.

개별 면담에서 자주 듣는 고백이다. 사람들과 친밀한 관계가 지치고 힘든 인생에 활력을 불어넣는다고 생각하지만, 오히려 인간관계가 부정적인 에너지를 폭발하게 만들기도 한다.

단지 서로 인연이 아닐 뿐이라면 둘의 관계는 인정과 정리의 과정을 거쳐 서서히 끝에 다다른다. 그러나 부정적인 관계 유형에 속한 당사자들은 상황을 똑바로 보지 못하고 애정과 고통 사이에 갇혀 매일 불안과 괴로움에 몸부림친다.

알면서도 기꺼이
속고 있다면

서로 상처 주는 관계는 그 끝이 마치 코앞에 도달한 것처럼 보일 때도 있다. 어느 한쪽이 속앓이를 하다 지칠 대로 지쳐 끝내 이별을 외치기 때문이다. 그러나 이러한 외침은 별다른 효력이 없고, 어느새 그 끝은 다시 멀어져 있다. 두 사람 모두 관계를 유지하는 일이 정말 고통스럽지만, 상대를 향한 미련이 남아 도저히 놓지 못하는 것이다.

이러한 관계는 억지로 이어 간다고 해도 아름다운 결과를 얻기 힘들다. 일단 가피학증Sadomasochism(가학을 뜻하는 사디즘과 피학을 뜻하는 마조히즘을 합한 것) 상태에 빠지면 상대방이 내뱉는 헛된 위로의 말을 그저 받아들이기 때문이다.

"미안해, 내가 잘못했어. 다시는 너에게 화내는 일이 없을 거야. 앞으로는 절대 이런 식으로 널 공격하지 않을게."

3개월이 지나고, 상대방은 마음에 도저히 견딜 수 없는 부정적인 에너지가 쌓이기라도 한 것처럼 언어 폭력이나 신체적 폭력을 가한다. 그러고는 이렇게 말한다.

"이번이 마지막이야, 믿어 줘. 난 너밖에 없어. 다시는 널 아프게 하지 않을게."

그러나 반년도 채 되지 않아서 "다시는 잘못하지 않을게"라는 거짓된 약속을 반복한다.

관계가 상처가 되기 전에

고통스러운 관계를 유지하는 이들은 무의식적으로 자신에게 거짓말을 한다. '언젠가는 이 지긋지긋한 사랑에서 벗어날 것'이라며 미련하게 스스로를 위로하는 것이다.

"더 이상 그 사람을 위해 고생하며 나 자신을 희생하지 않겠어. 나도 내 인생이 있어. 다시는 그 사람에게 휘둘리지 않을 거야!"

하지만 며칠 뒤면 휴대폰을 들여다보며 그 사람이 왜 아직도 답장을 안 하는지 염려하고, 그에게 도움이 필요한 것은 아닌지 걱정하는 자신을 발견한다. 또는 이렇게 말한다.

"나도 참을 만큼 참았어. 이제 한계야. 그 사람을 포기하기로 마음먹었어. 그 사람에게 돌아갈 일은 절대 없어!"

그러나 여전히 자신을 학대하는 그 사람과 함께 기념일을 보낸다.

초라한 자기 위안이든 상대방의 거짓된 약속이든, 고통을 주고받는 관계에서는 어느 쪽도 제대로 힘을 발휘하기 어렵다. 희망으로 가득했던 약속들이 물거품이 되었다가 다시 희망의 불씨가 타오르는 과정을 반복하다 보면 결국 감당할 수 없는 가피학증 상태로 이어진다.

관계가 상처가 되기 전에

내 탓도
그 사람의 탓도
아니라면

심리 상담을 하다 보면 가까운 관계에서 고통받으며 사는 수많은 사람을 만난다. 그들은 분명히 괴로운 상태인데도 상황을 개선하거나 조정하기 힘들어했다.

처음에는 다양한 사례로 나타나는 불건강한 관계의 유형이 단순히 개인이 겪는 특수한 경험으로 보였다. 그러나 계속해서 인간관계 문제로 고통받는 사람들을 만나다 보니 개개인이 놀랄 만큼 비슷한 경험을 겪는다는 사실을 깨닫게 되었다. 그들이 겪는 고통과 괴로움을 설명하는 데 도움이 될 만한 방식을 궁리했고, 과거의 치유하지 못한 상처가 현재의 관계에 걸

림돌이 된다는 사실을 발견했다. 인간관계 문제의 원인과 해결책을 새로이 이해하고 분류하는 눈을 갖게 된 것이다.

현재의 관계에서 문제의 모든 원인을 찾으려고 하면 안 된다. 과거의 어떤 경험이 마음속에서 감당하지 못할 감정을 불러일으켰고, 그 감정이 무의식중에 지금의 관계에 영향을 미친 것일 수도 있기 때문이다.

사람은 누구나 지금의 친밀한 관계가 과거에 겪은 상처를 치유하고, 아무리 노력해도 회복할 수 없었던 공허함을 메워 주길 기대한다. 그러나 상대방을 통해 무언가를 채우려고 할수록 관계는 균형을 잃는다. 친밀한 관계가 서로를 상처 주는 관계로 바뀌고 불건강한 심리 상태의 희생물이 되는 것이다.

우리의 관계가
매번 똑같은 이유

친밀한 관계는 두 사람이 서로 가까워지고 상대방이 자신의 현재와 미래에 필요한 사람이라고 인정할 때부터 시작한다. 그러나 과거에 채워지지 않은 한 사람의 욕망이 앞으로의 관계에 엄청난 영향을 미친다는 사실을 쉽게 놓친다.

만약 과거에 충족하지 못한 심리적 욕구로 불안과 고통에 시

관계가 상처가 되기 전에

달렸다면, 누군가와 친밀한 관계를 맺은 뒤에 메우기 힘든 애정을 강요할 가능성이 크다.

관계가 깨지면 후유증은 어쩔 수 없이 따라온다. 이전의 관계가 남긴 흉터는 그 다음에 이어지는 관계에서도 끊임없이 균열을 일으키고 계속해서 잘못을 저지르게 만든다.

사람에게 쉽게 지치고 기대하는 것과 다르게 관계가 흘러가는 이유가 바로 여기에 있다.

우리가 어린 시절을
돌아봐야 하는
이유

"혹시 과거의 트라우마가 지금 우리의 관계에도 나쁜 영향을
미치고 있지는 않을까?"

여기까지 읽고 위와 같은 생각을 했다면 과거에 받은 상처가
구체적으로 어떻게 오늘날의 문제로 이어지는지도 궁금할 것
이다. 여러 상담 사례를 통해 몇 가지 심리 문제의 원인을 여섯
종류의 불건강한 관계 유형의 해결책과 서로 이을 수 있다는
사실을 발견했다.

1. 성장 과정에서 겪은 **자존감 문제 → 희생형 관계 유형**

2. 성장 과정에서 겪은 **죄책감 문제 → 통제형 관계 유형**

3. 성장 과정에서 겪은 **압박감 문제 → 증오형 관계 유형**

4. 성장 과정에서 겪은 **불안감 문제 → 무신뢰형 관계 유형**

5. 성장 과정에서 겪은 **권력욕 문제 → 다중 연애형 관계 유형**

6. 성장 과정에서 겪은 **존재감 문제 → 기생형 관계 유형**

아래 표를 통해 지금 생각나는 누군가와의 관계를 돌아보고, 자신에게 해당하는 내용이 얼마나 있는지 확인해 보자.

관계 속 상대방의 모습 파악하기		
희생형	1	그 사람은 자신이 나에게 얼마나 잘하는지 귀에 딱지가 앉도록 말하지만, 사실 나는 그와의 관계에 지친 상태다.
	2	나를 진심으로 사랑한다고 말하지만, 나는 진짜 사랑받고 있는 것 같지 않다.
	3	가끔 그 사람이 지나칠 정도로 잘해서 부담스럽다.
통제형	4	그 사람은 나의 모든 것을 통제하고, 모든 것이 나를 위해서라고 말한다.
	5	그 사람은 내게 너무 많은 것을 기대해서 그의 앞에서는 온전한 내가 될 수 없다.
	6	그 사람이 내게 요구하는 것(심지어 교육까지) 때문에 숨이 막힌다.
증오형	7	그 사람이 화를 낼 때 보면 마치 다른 사람 같다.
	8	그 사람이 화를 내면 진심으로 두렵다.
	9	의견이 서로 충돌할 때면, 우리 관계의 앞날이 걱정될 정도로 감정을 쏟아붓는다.

무 신 뢰 형	10	그 사람은 항상 나를 의심하고 신뢰하지 못한다.
	11	그 사람은 내가 진심을 보여 줘도 여전히 우리 관계에 불안감을 느낀다.
	12	그 사람은 내게 버림받는 상상을 자주 한다.
다 중 연 애 형	13	나는 그 사람뿐인데 그는 내게 충실하지 않다.
	14	그는 나와 잘 맞는 게 분명한데 상대는 이 관계에 만족하지 못하는 것 같다.
	15	그 사람은 내게 자신의 사소한 사생활을 감춘다.
기 생 형	16	그 사람은 혼자 있지 못하고 모든 것을 내게 의지한다.
	17	사실 나는 그가 혼자만의 시간을 가질 수 있기를 바란다.
	18	그 사람은 내가 언제 어디서든 자신을 보살펴 주기를 기대한다.
관계 속 나의 모습 이해하기		
희 생 형	19	나는 누군가와 사랑에 빠지면 올인하는 스타일이다.
	20	나는 그 사람을 위해 끊임없이 희생한다.
	21	그 사람이 원하는 것을 만족시키려면 자존심도 내던질 수 있다.
통 제 형	22	그 사람은 자신의 책임을 다하지 않는다. 나 혼자 모든 대소사를 신경 써야 한다.
	23	나는 그 사람이 항상 내 발목을 잡고 있는 것 같다.
	24	나는 코치처럼 그의 인생과 생활에 채찍질을 해야 직성이 풀린다.
증 오 형	25	그는 자주 내 화를 돋운다. 혹여 내가 분노를 감당하지 못할까 봐 두렵다.
	26	나는 싸울 때 과격하고 폭력적인 언어나 행동을 사용한다.
	27	그 사람과 다툴 때면 미칠 듯이 괴롭다. 그러나 화해하면 언제 그랬냐는 듯이 고통이 싹 사라진다.
무 신 뢰 형	28	그 사람은 항상 나를 실망시키기 때문에 믿음이 가지 않는다.
	29	그 사람이 나를 속인 적은 없지만 나는 도무지 안심할 수가 없다.
	30	나는 무의식적으로 그 사람이 나를 버릴까 봐 걱정한다.

다 중 연 애 형	31	나는 지금 내 주위 사람들만으로는 안정감을 느낄 수 없다. 또 다른 대상을 찾아 위로를 받아야 한다.
	32	나는 둘 혹은 그 이상의 사람과 동시에 연애를 한 적이 있다.
	33	나는 예전의 애인에게 충실하지 못했던 점을 매우 후회한다.
기 생 형	34	그 사람과 잠깐이라도 떨어지기가 힘들다. 나는 일분일초도 그를 떠날 수 없다.
	35	내 주위 사람들은 무슨 일을 하든 곁에서 나를 지지해야 한다.
	36	그 사람과 계속 관계를 유지할 수 없다면 마음이 너무 불편할 것이다.

총 36개 문항을 전부 살펴봤다면 다음 방식을 통해 순간적으로나마 자신의 관계 유형을 이해할 수 있다. 앞의 18개 문항은 자신과 주위 사람의 관계를 더욱 이해하기 위한 문항이다. 당신이 떠올린 그 사람이 관계에서 어떤 모습인지 세 문항을 한 묶음으로 해서 각 유형별로 이해해 볼 수 있다.

1. 1번~3번 문항으로 상대방이 '희생형' 관계 유형에 속하는지 평가한다.

2. 4번~6번 문항으로 상대방이 '통제형' 관계 유형에 속하는지 평가한다.

3. 7번~9번 문항으로 상대방이 '증오형' 관계 유형에 속하는지 평가한다.

4. 10번~12번 문항으로 상대방이 '무신뢰형' 관계 유형에 속하

는지 평가한다.

5. 13번~15번 문항으로 상대방이 '다중 연애형' 관계 유형에 속하는지 평가한다.

6. 16번~18번 문항으로 상대방이 '기생형' 관계 유형에 속하는지 평가한다.

각 유형별 문항 중 세 문항 모두에 해당한다면 당신과의 관계에서 그 유형의 성격이 뚜렷하게 드러난다는 뜻이다. 두 문항에 해당할 경우에는 그러한 유형의 특징을 가지고 있을지도 모른다는 뜻이며, 한 가지만 해당할 때는 그러한 성격이 조금 나타난다는 뜻이다. 모두 해당하지 않는다면 그 사람과 전혀 관계없는 유형이다.

이어지는 18개 문항은 당신이 친밀한 관계에서 주로 어떠한 모습인지 알기 위한 것이다. 위와 마찬가지로 세 문항을 한 묶음으로 해서 각 유형을 이해한다.

1. 19번~21번 문항으로 내가 '희생형' 관계 유형에 속하는지 평가한다.

2. 22번~24번 문항으로 내가 '통제형' 관계 유형에 속하는지 평가한다.

3. 25번~27번 문항으로 내가 '중오형' 관계 유형에 속하는지 평가한다.

4. 28번~30번 문항으로 내가 '무신뢰형' 관계 유형에 속하는지 평가한다.

5. 31번~33번 문항으로 내가 '다중 연애형' 관계 유형에 속하는지 평가한다.

6. 34번~36번 문항으로 내가 '기생형' 관계 유형에 속하는지 평가한다.

각 유형별 문항 중 세 문항 모두에 해당한다면 당신은 그 관계의 유형에 빠지기 쉬운 상태이며, 두 문항에 해당할 경우 그러한 관계의 유형에 빠질 가능성이 어느 정도 있다는 뜻이다. 한 가지만 해당할 때는 그러한 성격이 조금 나타난다는 의미이며, 모두 해당하지 않는다면 그러한 유형에 빠지기 어렵다는 뜻이니 안심해도 좋다.

각각 18개로 구성된 두 가지 주제의 문항은 상대방이 어떤 관계 유형에 속하는 사람인지(1번~18번 문항), 나는 어떤 관계 유형에 빠지기 쉬운지(19번~36번 문항) 분명하게 보여 준다.

자신의 친밀한 관계를 평가한 후 모든 관계 유형을 다음의 질문을 통해 이해할 수 있다.

- 우리에게 해당하는 관계 유형이 실제로는 어떤 모습으로 나타 날까?
- 각 관계 유형이 가진 심리적 문제는 과거부터 지금까지 어떻게 이어져 왔을까?
- 각 유형별로 속에 어떤 마음을 품고 있을까?
- 관계를 회복하고 성장하기 위해 무엇을 시도해 볼 수 있을까?

이제 이 책을 읽으면서 모든 관계 유형 속 마음의 소리에 귀 기울여 보자. 그리고 외면했던 내면의 상처를 어루만져 건강한 관계를 향한 첫걸음을 내딛어 보자.

CHAPTER 2

나는 왜
우리 관계의
'을'이 되었을까?

나를 희생하지 않는 법

누군가를 사랑하려면 반드시 스스로를 희생하고 불살라야 할까?
아니, 그렇게 하면 안 된다.
사랑은 자신을 아끼는 범위에서
상대방이 선호하는 방식으로 가장 큰 행복을 주고받는 행위다.

희생이 곧
사랑이라는
착각

누군가와 가까운 사이가 되는 것이 당신에게는 힘든 일인가? 혹시 친밀한 사이가 되면 소원을 들어주는 기계가 된 것처럼 어디서든 상대방 위주로 생각하고, 그에게 필요한 것이 무엇인지 마음속으로 신경 쓰고 있지는 않은가?

'그 사람은 내가 어떤 걸 해 주기를 바랄까?', '그는 내가 무엇을 더 해 주기를 바랄까?'와 같이 그가 굳이 말하지 않아도 속으로 무엇을 바라는지 섬세하게 느낀다. 늘 상대의 눈치만 봐서 그렇다.

상대방이 만족하는 표정을 보며 안심한다. 그 사람이 기뻐하면 이 관계가 그렇게 흡족할 수가 없다. 당신은 인간관계에 어느 정도 고생이 있어야 즐거움도 있다고 생각한다.

"희생이 없다면 어떻게 내 마음을 표현하지? 상대방이 필요할 때 도와주지 않으면 그가 어떻게 내 마음을 알겠어?"

위와 같은 생각이 익숙하게 느껴지는가? 만약 그렇다면 당신의 친밀한 관계에서 '희생형 관계 유형'의 특징이 나타날 확률이 높다.

"괜찮다"고 말할수록
이상적인 관계와 멀어진다

어떤 사람과 가까워질수록 상대를 위해 더 많은 일을 할 수 있다고 여긴다. 최대한 상대방의 뜻에 맞추며 '상관없어, 난 괜찮아', '좀 더 해도 아무렇지 않아'라고 생각한다. 쉽게 말해, 자신을 희생하려는 욕망이 생기고 친밀한 관계를 위해 불편을 감수하는 것이 주특기가 된다.

당신 주위의 사람들은 아주 행복하게 지낸다. 칭찬을 자주 듣고, 자기가 존중받는다고 느끼며, 자신이 정한 밑도 끝도 없는 원칙들을 당신이 기꺼이 따라 주기 때문이다. 서로의 애칭으로 공주나 보스 같은 단어를 쓰는 지경에 이른다.

희생형 관계 유형에 속하는 사람들은 상대방에게 쉽게 감동을 받는다. 상대방이 아무 생각 없이 건넨 다정한 말과 어쩌다 하는 따뜻한 행동에 깊이 감동받고 자신이 더 희생해도 될 만한 사람이라고 확신한다.

또는 이 관계가 자신을 불태워도 될 만큼 가치 있는 관계인지 확인하길 원한다. 마음 한 구석에 "당신을 위해 이 한 몸을 불사를 거야"라는 결심을 새길 만한 사이인지 확신이 필요한 것이다.

이러한 열기는 서로 알아 가는 과정에서 절대 가라앉지 않는다. 오히려 그 사람을 향한 마음에 서서히 화상을 입는 자신을 발견하게 된다.

언젠가는 자신이 상대의 인생에서 가장 중요한 존재도, 상대의 하늘에서 가장 빛나는 별도 아니라는 사실을 깨닫는다. 자신을 위해 희생한다는 걸 상대방이 깨달으면 감동할 것으로 생각하지만, 돌아오는 것은 냉담한 무시와 무덤덤한 반응이다.

나 혼자만 뜨거웠던 것뿐이다. 열기가 가시면 차가운 상실감이 찾아온다.

서로 평가하고
평가받는 관계는
버려라

예전에 접한 상담 사례를 살펴보면 희생형 관계 유형이 매우 흔했다.

"전 그 사람이 없으면 안 돼요. 저도 어쩔 수 없어요. 전 그 사람과 같이 있어야만 해요. 그 사람이 절 떠나지만 않으면 돼요. 제 곁에 있어만 준다면 전 뭐든지 할 수 있어요. 하라는 건 무엇이든 할 거예요. 그 사람만 떠나지 않는다면. 전 정말로 그 사람이 하자는 대로 다 했어요. 제 근무 시간이 길어서 같이 있을 기회가 없다고 하길래 맡을 수 있는 사건도 수없이 거절했죠. 저랑 같이 어디 나가면 부끄럽다고 해서 스타일도 바꾸고 메이크업하는 법도 배웠어요. 배려가 부족하다기에 성격도 고치려고 노력했고요. 이미 할 만큼 다 했고 정말 최선을 다해서 그 사람을 사랑했어요. 제가 이렇게까지 희생하는데 그 사람은 왜 저를 원하지 않는 걸까요. 도대체 왜…."

숨 막히게 우는 소리, 쉼 없이 흐르는 눈물. 가족과 친구들이 보기에 성공한 인생을 살던 그 사람은 불안과 상실감에 젖은 모습으로 심리 상담실 소파에 앉아 있었다. 사랑하는 사람의 갑작스러운 이별 통보에 내담자의 인생은 이미 붕괴되기 일보 직전이었다.

이것은 사랑 이야기인가
아니면 희생 일기인가?

사랑은 두 사람이 서로 불타올라 함께 삶을 꾸리는 아름다운 여정이다. 하지만 희생형 관계 유형에 속하는 사람은 정신없이 사랑에 빠져들어 감정을 빠르게 불사르고 본인의 삶도 잿더미로 만든다.

위 사례에서 내담자가 사랑하는 사람과 보낸 시간을 털어놓을 때 한 가지 인상 깊은 특징이 있었다. 과거에 두 사람 사이에 있었던 일을 돌이켜 보라고 요청할 때마다 내담자가 이런 식으로 말하는 것이다.

- 당시 그 사람이 우리가 ○○○ 해야 한다고 생각했기 때문에….
- 전 그때 그 사람이 ○○○ 하기를 원한다고 생각했는데….
- 그 사람이 그렇게 말하긴 했지만 나중에는 또 우리가 ○○○ 해야 한다며….

언젠가 대화를 마무리하면서 상담하며 의아했던 점을 조심스럽게 전했다. 그런데 내담자는 내 말이 더 이상하게 느껴졌는지 다음과 같이 반박했다.

"혹시 대화하면서 느끼셨는지 모르겠지만 그분의 생각과 감정을 더 많이 이야기했어요. 제가 선생님의 기분과 느낌을 알아볼 기회는 별로 없었던 것 같아요."

"사랑하니까 그 사람의 감정을 중요하게 생각하는 것이 당연하죠. 제 생각이라…. 제 생각은… 그 사람을 사랑하고 그 사람과 헤어지지 않겠다는 거예요."

내가 본인의 감정과 생각을 말해 보라고 요구하자 우물쭈물

하던 내담자의 입에서 나온 말은 이것뿐이었다. 내담자는 지난 5년 동안 상대방과 함께 지낸 시간을 이야기하면서 자기가 한 일을 사랑으로 여겼다. 헤어지자는 연인의 결정으로 잃은 것도 사랑이라고 생각했다.

그러나 나눈 대화에서 사랑은 거의 느낄 수 없었고, 처음부터 끝까지 희생의 냄새만 물씬 풍겼다. 내담자는 5년간 조금씩 자존심을 내려놓고 희생하다가 이제는 자기 자신마저 사라질 위기에 처한 듯 보였다.

희생하는 관계가
습관이 될 때

희생형 관계의 끝이 낙관적인 경우는 거의 드물다. 자기희생이 습관이 된 사람은 관계에 금이 가거나 아예 관계가 끝나면 회복하기 힘든 커다란 충격을 받는다.

주구장창 희생만 하면 어느새 상대방에게 자신의 영혼을 의탁하고 상대방이 바라는 것을 따르는 존재가 된다. 자신의 존재 가치와 의미를 잊는 것이다. 따라서 상대방이 떠나면 넋이 나간 빈껍데기처럼 삶의 목표도 없고 무기력한 모습으로 그저 상대방이 돌아오기만을 간절히 바란다. 희생 일기의 다음 페이지를 계속 쓸 수 있도록 말이다.

이들은 우정이나 사랑이라는 이름의 여정에서 자신의 감정, 존엄성, 가치를 희생한다. 자아를 내팽개치거나 불쏘시개 삼아 희생과 봉사의 에너지원으로 삼는다.

만약 인생의 모든 무게 중심과 가치를 타인에게 두면 그 사람이 떠난 후에는 어떻게 되는 것일까? 누군가와 이별하는 것보다 가슴 아픈 일은 더 이상 자기 자신을 찾을 수 없다는 사실이다.

관계가 상처가 되기 전에

쓸모가 있어야
사랑받을 수
있다?

바로 앞에서 언급했던 내담자의 이야기를 조금 더 이어 가보겠다. 대략 네 번째 상담부터 내담자의 성장 과정과 관련된대화를 나눴다. 내담자는 자신이 본 영화를 예로 들어 이야기를 시작했다.

"〈블랙스완〉이라는 영화 보셨어요? 전 그 영화를 보는 내내심장이 멎는 것 같았어요. 주인공 엄마가 말하는 부분에서는특히 마음이 불편했어요. 어렸을 때 제 어머니의 모습과 꼭 닮았거든요. 자식한테 너무 많은 기대를 하고 사사건건 통제하는 걸 보고 있자니 마음이 편치 않더라고요."

"아…. 생각만 해도 힘드신가 봐요."

"어머니와의 관계에서 말로 표현하기 힘든 압박 같은 것이 느껴지는데, 혹시 어렸을 때 어머니와 어떤 식으로 소통했는지 말해 주실 수 있나요?"

"그러니까 그게…. 글쎄요. 쓸모없었죠."

"지금 그 말씀은 어렸을 때 어머니와 둘 사이에 있었던 일이 스스로가 쓸모없다는 생각이 들게 했다는 뜻인가요?"

"네. 제가 무슨 말을 하고 무슨 일을 하든 어머니는 제가 쓸모없다고 생각하는 것 같았어요. 성적이 안 좋으면 어머니는 '네가 공부를 제대로 안 하니까 성적이 이 꼴이지. 쓸모없는 놈' 제가 물건을 뒤엎으면 '너 또 엄마 골탕 먹이는 거지? 사람 성가시게 하는 거 말고 네가 할 줄 아는 게 대체 뭐야?'라고 하셨어요. 제가 주말에 TV 만화를 보면 어머니는 매섭게 화를 내셨죠. '허구한 날 TV 보는 거 말고 할 줄 아는 게 없지? 제가 중학교 다닐 때 아버지의 외도로 부모님이 이혼했어요. 어머니는 혼자가 된 후로 점점 더 심하게 저를 짓눌렀죠. 늘 입버릇처럼 말했어요. 아버지가 없는 편부모 가정이라 제가 성적을 더 끌어올리지 못하면 사람들이 우리를 업신여길 거라고요. 중학교 3학년 모의고사 때 일은 평생 잊을 수 없는 괴로운 기억이에요. 저녁 식사 시간에 어머니가 제 성적표를 보더니 밥을 못

먹게 막았어요. 그리고 할머니가 보는 앞에서 계속 욕을 했죠. 감정이 격해졌는지 테이블을 치고 제 어깨를 때리며 머리까지 밀쳤어요. 어머니는 제가 아무짝에도 쓸모가 없대요. 저를 낳아서 당신 인생이 더 불행해지기만 했다고요. 저한테 모든 걸 바쳤는데 돌아오는 건 아무것도 없고, 제가 아버지처럼 당신을 사람들의 비웃음거리로 만들었다고 했죠. 제가 아버지처럼 모질어서 어머니가 무엇을 원하는지 생각해 본 적도 없다고 했고요. 그리고 어머니는 또… 아무 쓸모도 없는데 왜 널 낳았는지 모르겠다고 하셨어요."

어머니의 꾸지람을 언급하면서 내담자는 한층 풀이 죽은 모습으로 가슴 아팠던 지난 일들을 회상했다. 내담자의 괴로운 표정을 보니 그가 얼마나 오랫동안 무력함과 무기력함을 억누르며 살아왔는지 느껴졌다. 어머니가 자신에게 상처 준 말을 읊으면서 내담자의 눈가에 눈물이 고였고, 상담이 진행될수록 그의 두 뺨은 점점 젖어 갔다.

억눌린 분노가 새긴
치명적인 상처

내담자는 이어진 수차례 상담에서 과거에 품었던 수많은 의

문을 털어놓았다. 대체로 어머니에게서 비롯한 질문들은 내담자에게 깊은 수치심, 죄책감, 열등감을 안겼다. 자신은 가치가 없는 존재이며 어머니를 고통스럽게 한 근원이라고 생각한 것이다.

언젠가 내담자가 열등감과 수치심을 토로하면서 던진 몇 마디가 호기심을 자극했다.

"할머니는 아버지 얘기만 나오면 불같이 화를 내면서 망나니 같은 놈이라고 욕하셨어요. 그러고는 형편없는 아비를 만난 제가 불쌍하다고 하셨죠. 하지만 전 누구보다 잘 알아요. 제가 불쌍한 건 감정에 충실하지 않은 아버지가 있어서가 아니라 정서적으로 불안정한 어머니가 있었기 때문이라는 것을요. 아버지처럼 떠날 수 있다면 저도 떠날 거예요. 하지만 전 어머니 자식이라 이혼협의서 한 장으로 해결할 수 있는 관계가 아니에요."

여기서 더 깊게 고민해 봐야겠다는 생각이 들었다. 위의 말을 할 때 나타난 내담자의 감정과 어투가 기존에 얘기했던 수치심, 열등감과는 조금 달랐기 때문이다. 그래서 그 감정의 이면에 숨은 심리를 알아보기로 했다.

"좀 전에 어머니와 관계를 끊을 수 없어서 아쉽다고 했는데,

어머니를 미워하고 그녀 때문에 분노가 치민다는 뜻으로 이해해도 되겠습니까?"

"모르겠어요. 그냥 가끔씩 어머니에게 욕을 퍼붓는 꿈을 꾸곤 해요."

어린 시절 수없이 억눌린 경험이 있다면 어른이 되어서 감정의 기복이 심할 수 있다. 어릴 때 부모에게 공격을 받으면 속에서 분노의 감정이 싹튼다. 그러나 두려움이 더 크다. 부모에게 반항했다가 영원히 버려지거나 더 심한 공격을 받을까 봐 걱정하기 때문이다. 작고 연약한 아이는 그렇게 분노를 철저히 억누르는 쪽을 선택한다.

그러나 한번 억눌린 감정은 결코 쉽게 지워지지 않는다. 밖으로 표출하지 못한 분노를 적절히 해소하지 못하면 시간이 흘러 분노의 화살이 자신에게 향하고, 스스로를 책망하거나 증오하는 방향으로 발전할 수 있다.

내담자는 어머니와의 관계 때문에 마음에 분노가 쌓인 상태였다. "어머니가 밉고 싫다"라며 감정을 드러내고 싶었지만 후폭풍을 감당할 자신이 없어서 감정을 억눌렀다. 그리고 "어머니를 이토록 언짢게 만들다니 내가 너무한 거야", "어머니를 만족시킬 수 없는 내가 정말 싫어"라고 자신을 비난하며 견디는 방향으로 감정이 전환되었다.

해소하지 못한 분노는 자존감을 갉아먹는다. 어머니의 고압적인 태도 때문에 내담자의 내면에서 자신의 쓸모와 관련한 부정적인 가치관이 자라났고, "남들이 쓸모 있는 사람으로 생각하지 않으면 난 아무런 가치가 없어", "무슨 일이 있어도 다른 사람을 만족시키고 인정받아야 해. 그래야 내 인생이 쓸모 있어"라고 굳게 믿게 된 것이다.

소중한 관계가
평가하는 관계로 바뀌지 않으려면

성장 과정에서 부정적인 가치관이 마음속에 한번 자리를 잡으면 자존감이 바닥을 치는 것은 물론이고 이후의 가까운 관계에도 다음과 같은 바이러스 프로그램을 심는다.

• 내가 더 많은 것을 해 줄 수 있다는 걸 보여 주지 못하면 사람들은 나를 가치 없는 존재로 여길 거야.
• 사람들을 만족시키지 못하면 그들의 마음을 배반한 것과 마찬가지야.

위와 같은 생각이 바탕이 되면 더 이상 사람들과 친밀한 관계를 이어 갈 수 없고, 모든 관계가 '내가 쓸모 있는 사람이라는 생각이 들게 할 수 있는지 없는지'를 평가하도록 바뀐다.

이렇듯 관계가 부정적인 방향으로 돌변하지 않도록 자기 마음이 내는 소리에 항상 귀를 기울여야 한다.

가끔은
이기적이어도
괜찮다

희생형 유형에 속하는 사람의 마음속 깊은 곳에는 치명적인 문제 하나가 자리를 잡고 있다. 바로 자신이 살아갈 가치가 있는지 확신이 없다는 것이다.

사람은 누구나 웃을 줄 안다. 그런데 정말로 기뻐서 웃는 것이 아니라 남을 기쁘게 하기 위해 억지로 웃는 경우가 종종 있다. 입꼬리는 똑같이 올라가지만, 그런 웃음으로는 자아가 진심으로 만족감을 느끼지 못한다.

마음에는 다양한 감정과 기분이 있고, 우리는 모두 자신의 내면세계와 어느 정도의 거리를 둔 채로 산다. 그럼에도 마치 마음을 꿰뚫는 제3의 눈을 달고 태어난 것처럼, 다른 사람이 어떤 감정을 느끼고 무엇을 원하는지 자연스럽게 안다.

단순히 아는 것을 넘어 남을 위해 직접 무언가를 할 수도 있다. 다른 사람을 위해 희생한다고 하면 많은 힘을 들여야 할 것 같지만, 희생형 유형에 속하는 사람들에게 희생은 자신이 세상에 존재하는 이유가 된다.

우리는 다른 사람을 잘 배려할 수 있고 배려를 바라기도 한다. 그러나 이들은 남을 위해 행동하는 것 말고 다른 인생을 사는 방법을 배우지 못한 것일지도 모르겠다.

미성숙한 어른 대신 감정을 감당했던 아이

스스로에게 잘하는 법을 알아야 한다고 흔히들 말한다. 그러나 대부분의 사람이 그 뜻을 제대로 이해하지는 못한 것 같다. 입으로는 "자신을 사랑하고 챙기세요"라고 말하면서 속으로는 '이기적으로 굴면 누가 나를 좋아하겠어?'라고 생각한다.

이런 생각을 하는 순간에도 스스로를 해치는 자존감 살인마는 머릿속을 자유롭게 활보한다. 스스로를 아껴야 한다는 생각이 들면 '이기적'이라는 단어가 걸려서 마음이 불편해진다.

어린 시절에는 단 한 번도 이기적으로 굴지 못했다. 어른들이 상상하는 완벽한 아이의 모습을 유지해야 했기 때문이다.

당시 어른들이 했던 말을 가만히 정리해 보면, 그들은 자신을 완벽한 존재로 여겼다는 사실을 알게 된다. 그들이 반성하고 사과했다는 이야기는 거의 들어 보지 못했다. 사실 과거에 어떤 잘못을 저질렀는지도 알기 어렵다. 그들은 살면서 잘못을 저지른 적이 없다고 말하기 때문이다.

이런 어른들이 이룬 가정은 대개 굴곡이 많고 사이가 좋지 않다. 자녀들은 자신이 태어난 가정에서 부정적인 에너지 처리기로 전락한다. 가족 중에 누군가 기분이 언짢을 때마다 아이들은 가치 있는 존재로 바뀐다. 부정적인 에너지를 가장 많이 흡수하는 역할을 맡기 때문이다.

타인이 아닌
내 마음을 먼저 보자

미성숙하고 어렸을 때는 많은 것을 감당하기 위해 노력한다. 어른들이 짊어지기를 꺼리는 자책감 같은 감정들 말이다. 그들은 가족 중에 성숙하지 못한 어른이 있다고 말하는 것보다 성숙하지 못한 아이가 있다고 말하는 편이 낫다고 여기며, 힘든 감정을 아이에게 미룬다.

이러한 가정에서 자랐다면 타인의 감정을 빠르게 눈치채는 능력을 갖춘 것이 당연하다. 그들이 작디작은 아이의 세계를 망가뜨릴까 봐 두려웠기 때문이다.

관점을 바꿔 스스로를 바라볼 때가 됐다. 본인이 바라는 것, 본인이 느끼는 감정이 눈에 보이는가?

어쩌면 희생형 관계 유형인 사람은 성장 과정에서 자신의 마음을 들여다보고 행복이 무엇인지 알려 주는 사람을 한 번도 만나지 못했을 수도 있다. 그러나 어른이 된 지금은 마음속 어린아이의 초대를 받아들일 수 있고, 누구의 말을 따라야 할지 몰랐던 자신을 지킬 책임이 있다.

이제 자기의 내면세계로 들어가 '희생하지 않으면 아무도 나를 좋아하지 않을 것'이라 생각하는 외로운 자신의 곁을 지켜야 한다.

이 유형의 사람의 내면은 언제나 흑백 상태였을 것이다. 지금부터라도 마음속 어린아이와 많은 시간을 함께 보낸다면, 아이의 감정이 푸른빛 슬픔, 회색빛 실망, 보랏빛 오해, 짙은 붉은빛 불만처럼 다양한 색을 품고 있다는 사실을 발견할 수 있을 것이다.

새로운 관계를
시작하는
첫 번째 방법

내면세계에 들어가 자신의 고통을 직접 마주한다면, 그 고통을 완화하기 위해 무엇을 할 수 있을까? 스스로를 돌보는 세 가지 방법과 친밀한 관계를 돌보는 두 가지 방법을 같이 살펴보자.

관계에서 끊임없이 희생하는 사람들은 사실 희생하는 대상을 만나기 전부터 이미 문제가 굳어져 있다. 다시 말해 친밀한 관계에서 지나치게 자신을 희생해 고통스럽다면 그것은 오래 전부터 이미 마음에 상처가 가득했다는 뜻이다. 따라서 희생형 관계 유형의 문제를 처리하기 전에 먼저 마주해야 할 것은 '혼자인 상태의 슬픔'이다.

상처를 인정할 때
치유는 시작된다

그 사람을 만나기 전부터 우리 마음은 이미 상처로 가득했다는 사실을 인정하자. 성장하면서 자기도 모르는 사이에 '남을 위해 봉사하고 살라'라는 명령이 마음에 새겨져 주변 사람에게 필요한 것이 무엇인지만 끊임없이 고민한다. 자신도 남들처럼 바라고 욕망할 줄 아는 사람이라는 사실을 잊어버린 것이다.

관계가 깊어지기 전에도 우리 마음은 언제나 상처투성이였다는 사실을 인정하자. 우리는 다른 사람을 향한 불만을 억누른 채로 성장했다. 머릿속으로 내가 잘못했고 나에게 문제가 있으며 모든 일이 스스로 부족한 탓이라 여기는 등 항상 자책하며 살았다. 그러면서 한 번도 아픈 자신을 불쌍하다고 생각해 보지 못했다. 스스로를 불쌍하게 여기는 순간 다른 사람을 비난하게 될까 봐 두려웠던 것이다.

마음속 깊이 억눌려 있어도 그동안 차곡차곡 쌓인 아픔, 실망, 우울함은 정말 불편하기 짝이 없다는 사실을 인정하자.

당신은 그 자체로
충분히 가치 있다

관계에서 점점 자기 자신을 잃는 중요한 원인이 있다. 마음에 자기확신 Self-assurance 이 부족해 항상 의문스러운 눈으로 자신의 존재 가치를 바라보기 때문이다. 유년 시절에 보호자들에게 '가치가 있어야 사랑받을 수 있다'라는 식으로 취급받으면 자신의 가치가 조건부라고 생각한다. 여기서 문제가 시작된다. 어떤 조건을 달성해야만 가치가 있고 그렇지 못하면 자신의 삶은 쓸모가 없다고 배운 것이다.

앞에서 언급한 내담자의 경우가 그렇다. 그의 어머니는 내담자의 성적이 나쁘다는 걸 알고 아이의 자존심 따위는 전혀 고려하지 않은 채 얘기했다. 아이는 "어머니를 만족시키지 못하면 나는 가치 없는 사람이다", "내가 기준에 도달하지 못하면 나는 존재 가치가 없다"라는 메시지를 학습하게 된다. 결국 개인의 가치를 외재적 조건의 달성 여부에서 찾게 되는 것이다.

그렇게 우리는 다음과 같은 염세적인 말을 입에 달고 살게 된다.

- 괜찮아. 어차피 나는 매번 끝에서 일을 망치니까.
- 난 원래부터 쓸모가 없었어. 그러니 결과가 안 좋아도 당연한 거야.

자존감 Self-worth 이 낮을 때 마음은 팽팽하게 잡아당긴 줄을 다른 사람에게 받은 질책과 불만에 묶어둔 상태가 된다. '심금 心琴 (외부의 자극에 따라 미묘하게 움직이는 마음을 비유적으로 이르는 말)'에 매달린 마음속 소리는 언제나 자기를 비판하는 우울하고 의기소침한 음색일 수밖에 없다.

　가치조건론이 위험한 이유가 여기에 있다. 모든 사람은 태어나는 순간부터 자신만의 고유한 가치가 생긴다. 자유권이나 평등권처럼 사람이라면 인종, 성별, 신분, 지위에 상관없이 누구나 자신만의 가치를 가져야 한다. 성과가 있든 없든, 또 선한 일을 얼마나 많이 했는지와 관계없이 자신을 가치 있는 존재라고 여길 의무와 권리가 있다.

　당신의 가치는 타인의 인정에 달려 있지 않다. 사람은 누구나 존재 자체로 살아갈 의미를 지닌다. 개개인은 그만큼 귀하고 소중하며 좋은 대우를 받을 가치가 있다.

나를
해치는 생각을
끄는 연습

　내담자 중에서 자존감이 낮은 사람들은 스스로를 아프게 만드는 생각을 자주 했다. 그 생각을 '악마의 목소리'라고 부르겠다. 일상생활에서 스트레스를 받는 일이 생기면 온갖 부정적인 상상이 머릿속을 스치고 지나간 것처럼 자신을 비난하며 나무라는 것이다.

　예를 들어 보겠다. 한 내담자는 업무 회의에서 발표할 때 미리 만반의 준비를 해 놓고도 막상 입을 떼려고 하면 머릿속에서 이런저런 생각이 떠올랐다. 마치 옆에서 악마가 '사실 사장은 네가 무슨 말을 하고 싶어 하는지 신경 쓰지 않아', '네가 아무리 준비해 봤자 절대 좋은 결과를 얻을 수 없어'라고 속삭이는 것 같았다.

이미 낮아질 대로 낮아진 자존감을 끌어올리고 싶다면 이런 악마의 목소리를 잘 살펴보는 것이 성장의 중요한 계기가 된다. 만약 자존감을 회복하고 싶다면 악마와 토론을 벌이고 싸워 이겨서 다시는 찍소리도 내지 못하게 하는 법을 배워야만 한다.

스스로에게 던져야만 하는 질문들

예를 들어 어떠한 목표를 이루기 위해 노력할 때도 '너는 아무리 노력해도 다른 사람에게 인정받지 못해!'와 같은 악마의 목소리가 들린다. 그럴 때 우리는 악마에게 수많은 질문을 던질 수 있다.

- 왜 너는 내 노력이 다른 사람에게 인정받아야만 쓸모 있다고 생각해? 이 세상 사람들이 모두 타인을 위해서만 일하나?
- 남이 인정하지 않아도 나 스스로 만족할 수 있는 일을 하면 그것만으로도 충분히 의미 있지 않나?

• 왜 너는 그렇게 100퍼센트 확신하는 것처럼 말하지? 절대 아닐 거라는 건 또 뭔데? 열 번 시도해서 일고여덟 번을 실패해도 두세 번은 결과가 좋을 수 있는 거 아니야?

자존감이 매우 낮았던 내담자가 있었다. 그는 자신이 경험한 악마의 목소리를 '거인의 손바닥'이라고 표현했다. 그는 살아오며 자기 머릿속에 있는 거인의 손바닥이 공격할 때마다 쉽게 무너졌다고 말했다. 그에게 좋은 기회가 생기면 거인의 손바닥은 이내 '너는 뭐 하나 이룬 게 없는 놈이야', '사회에 도움이 안 되는 쓸모없는 놈'이라며 그를 자극하고 공격했다.

몇 주간 거인과 토론하는 훈련을 하고 나서 내담자가 말했다. 예전에는 거인에게 맞으면 그대로 널브러지고 지옥에 떨어진 것처럼 참담했지만, 요즘은 거인이 공격하더라도 힘이 약해졌는지 맞아도 다시 일어설 수 있을 정도라고 말이다.

어쩌면 악마의 목소리에 굴복한 이유는 불행히도 한창 자존감을 형성하야 할 어린 시절에 좋은 환경과 응당 받아야 할 지지를 얻지 못해서 생긴 결과일지도 모른다. 하지만 우리는 언제나 자존감을 스스로 채울 수 있다는 사실을 꼭 기억하길 바란다.

무조건 희생하는 사람이
기억해야 할
두 가지 말

　자존감이 낮은 사람은 일상생활에서 존중, 인정, 관심을 충분히 받는다고 느끼기 어렵다. 그러다가 누군가와 사이가 가까워지고 서로를 향한 관심이 가득할 때면 서로 충분한 관심과 존중을 주고받는다. 덕분에 마음은 풍요로워지고 미미하던 존재 가치도 되살아난다.

　스스로를 아낄 줄 모르던 사람이 타인과의 관계를 통해 사랑과 관심을 느끼면 광적인 상태에 빠질 가능성이 높다. 모처럼 느끼는 감정을 유지하려다가 자신을 사랑하는 것과 남에게 사랑받는 것 중 하나를 선택하는데, 후자를 선택할 경우 삶에서 오직 상대방만 눈에 들어온다.

희생은 자존감을 높일 수 있는 극약劇藥으로, 약효가 뚜렷해 희생을 시작하자마자 자신의 가치를 강하게 느낄 수 있다. 어쩌면 우리가 기를 쓰고 희생하며 상대방의 요구를 들어주는 이유는 반복적으로 자신의 가치를 확인하고 오랫동안 갈망해 온 '유용감'을 느끼길 원해서인지도 모른다.

물론 모든 희생이 희생형 관계 유형으로 이어지지는 않는다. 사랑하면서 상대방과 좋은 감정을 주고받으며 '유용감'을 느낄 수 있다면 어느 정도의 희생은 필요하다. 관계는 서로 도움을 주고 보탬이 될 때 오랫동안 이어진다. 그러나 희생이 부정적인 방향으로 흘러가지 않으려면 반드시 두 가지 요소를 주의해야 한다.

1. 나의 뿌듯함이 아닌 상대방의 생각에 집중해야 한다

친밀한 관계를 건강하게 유지하면서 서로 필요한 사람이라는 생각을 키워 갈 때 "나는 내가 그 사람에게 꽤 보탬이 되는 것 같아"라며 자기 만족감에 집중하는 것이 아니라 "그는 이러한 행동이 보탬이 된다고 생각할까"라며 상대방의 생각에 관심

관계가 상처가 되기 전에

을 기울여야 한다. 예를 들면 남자 친구가 여자 친구를 위해 어떠한 행동을 하고자 한다면 먼저 여자 친구에게 확인해야 한다. 자신이 희생하려고 하는 부분을 어떻게 생각하는지, 이러한 희생이 그녀에게 긍정적으로 의미 있는 행동인지 물어보면 된다.

만약 "내 여자 친구를 위해 이런 것까지 하다니, 난 정말 멋진 남자야", "이 정도까지 희생하는 게 얼마나 힘든 일인지 모두가 알겠지"라고 생각하고, 정작 여자 친구에게 무엇이 필요한지 관심조차 두지 않는다면 관계는 어떻게 될까? 위대한 희생이라는 단꿈은 갈등을 통해 부서지고, 까발려진 현실에 큰 충격을 받을 것이다.

2. '무한한 희생'은 오히려 부담이다

많은 사람이 사랑을 신성한 관계로 여긴다. 그러나 사랑이 아무리 신성하다고 해도 사랑의 당사자는 그저 평범한 사람이다. 어떤 일이든 포용 가능한 정도와 한계가 있다. 그래서 사랑은 우리에게 '무한한 희생' 대신 '최대한의 희생'을 요구한다.

가상의 맞벌이 가정을 떠올려 보자. 남편이 본인의 적성에 맞지 않는다는 이유로 일을 그만두길 원했다. 그래서 아내가 투잡을 뛰면서 가계 부담을 혼자 짊어졌고 본인의 생활을 희생했다. 가능할 법한 희생이기는 하나, 부부 사이에서 아내가 어느 정도까지 희생할 수 있는지를 확실하게 정할 필요는 있다. 이러한 생활을 유지하는 기간이 6개월이나 1년, 혹은 1년 반까지 이어져도 괜찮을까? 2년이 지났는데도 남편이 여전히 적성에 맞는 일을 찾지 못했다면 그때도 이렇게 아내가 희생해야 할까?

만약 아내가 마음속으로 정한 마지노선을 넘겼는데도 계속 희생하는 상황이라면 향후 두 사람의 관계는 상당히 위태로워진다. 경제적인 부분에서 아내가 자신이 과도하게 희생하는 것을 참고 견딘다고 해도 다른 차원에서(설령 자각하지 못하더라도) 남편에게 대가를 지불하라거나 심지어 몇 배로 되갚으라고 요구하기 쉽다.

'희생에 관한 암묵적 계약'을 조정하자

위 두 가지에 근거해 친밀한 관계가 희생형 관계 유형에 빠지지 않게 하고 싶다면 다음 사항들을 자주 점검해야 한다.

- 우리가 서로를 위해 희생하고 있는가?
- 상대방의 희생에 어떤 느낌이 드는가?
- 상대방의 희생을 어느 정도까지 받아들일 수 있는가?

관계에서 벌어지는 모든 일은 두 사람 사이의 문제다. 희생형 유형의 경향이 나타나기 전에 적절히 예방해야 할 책임 역시 두 사람 모두에게 있다. 위 세 가지 사항을 바탕으로 친밀한 관계에서 어떠한 희생이 이뤄지고 있는지 끊임없이 묻고 점검해야 한다.

가까운 사람들과 이런 대화를 하면 상대방의 섬세함에 놀랄 수도 있다. 그리고 생각지도 못한 사실을 함께 알게 된다. 나는 상대방이 내 노력을 알아주길 바란 적이 없었지만, 상대방은 나를 위해 많은 것을 희생하며 내게 인정받을 날을 묵묵히 기다렸다는 사실을 말이다.

물론 그보다 더 놀라는 경우도 있다. 매일 함께 시간을 보내는 사람이 자기와 너무나도 다른 가치관을 가지고 있으며, 자신이 상대방에게 터무니없이 희생해 주길 기대하고 있다는 걸 발견할 때다.

이런 작은 것 하나하나가 쌓이고 문제를 하나씩 바로잡을 때

나와 상대방 모두가 가장 편안하고 안정감 있는 생활을 누릴

수 있다.

관계가 상처가 되기 전에

CHAPTER 3

나는 왜
그 사람이
한심하게
느껴질까?

생각을 강요하지 않는 법

누군가를 사랑한다고 해서 그 사람을 소유할 수 있는 것은 아니다.
"널 위해서야"라는 말은 언제나
상대방에게 사랑을 가장한 비수가 된다.

"날 좋아한다면
이 정도는
해야지!"

당신은 '반쪽'이라는 두 글자를 어떻게 정의하는가? 친밀한 관계란 두 반원을 하나로 합친 상태인가 아니면 완전한 두 원을 연결한 상태인가? 누군가와 친밀한 관계가 되면 우리는 그 관계에 충실하고 상대방에게 온전한 마음을 주기 위해 노력한다. 나무 한 그루에만 물을 주고 숲에 있는 다른 나무가 자랄 가능성을 포기하는 것이다.

누군가에게 마음을 쏟다 보면 무의식적으로 상대방이 나에게 사랑이라는 숲을 포기하길 원한다는 걸 느낄 때가 온다. 혹은 더 나아가 나라는 바다와 우정이라는 햇빛까지, 상대방을 제외한 주위의 모든 것을 포기하길 바란다는 걸 느끼는 순간이 온다.

"날 사랑하기로 결심했으면 네 인생에는 나 말고 다른 사람은 없어야 해."

이는 통제형 관계 유형을 가장 잘 묘사하는 말이다.

- 그 일이 나에게 얼마나 중요한지 잘 알면서 대체 왜 신경 쓰지 않는 거야?
- 우리 가족들을 위해 기본적인 것 하나도 제대로 못 챙기면서 무슨 낯짝으로 날 위한다는 거야?
- 나만으로는 부족해? 대체 왜 그런 엉망진창인 친구들이랑 계속 어울리는 거야?

통제형 관계 유형인 사람과는 그저 단순한 우정이나 사랑을 교류하는 관계를 맺을 수 없다. 위의 예시처럼 가까운 관계가 되었다는 이유로 상대에게 수많은 조건을 요구하고 들어주길 원한다. 그래서 이들과 얽매일 경우, 더 이상 나답게 자유로이 살기는 힘들겠다는 생각이 들고 부담감과 무력감에 지친다.

• 날 아낀다면 내가 원하는 방향으로 갈 수 있게 도와야지.
• 날 좋아한다면 내가 원하는 모습이 되도록 노력해야지.

이런 마음이 진짜 사랑일까? 아마도 누구나 꿈꾸는 사랑의 모습과는 거리가 멀 것이다.

인간관계에
계약서를 들이미는
사람들

통제형 관계 유형의 사전에는 사용이 금지된 단어가 많다. 그들과 친밀한 관계를 유지하려면 자아를 버려야 한다. 자아를 지키는 것은 곧 관계를 포기하는 것이기 때문이다. 또한, 독립을 추구해선 안 된다. 그들은 독립적인 사람이 자신의 마음을 대수롭지 않게 여긴다고 생각한다.

자유도 누리면 안 된다. 자유가 생기면 더 이상 그들과 가까워질 수 없다. 자주적이면 안 된다. 한 사람이 주체적이면 다른 한 사람은 괴로울 수 있기 때문이다.

보통 연애 초반에는 이러한 특성을 가지고 있는지 발견하기 어렵다. 특히 관계를 맺은 기간이 짧을수록 더욱 그렇다. 처음에는 서로를 알아가는 일에 정신이 없기 때문에 자아니 자유니 하는 것에 딱히 관심이 없다.

시간이 지나면 감정은 변한다. 연인들을 예시로 들자면 연애 초기에 두 사람은 완전히 하나가 된 것처럼 사랑할 것이다. 그러나 일정한 기간이 지나면 독립적인 두 개체가 함께 사랑을 가꾸는 관계로 돌아간다.

통제형 관계 유형에 속한 사람들은 둘의 관계가 독립적인 상태로 돌아가는 것을 강력히 거부한다. 그들은 이미 제멋대로 수많은 목표를 생각해 놓고 상대방이 자신과 그 목표를 위해 노력하길 기다린다.

이러한 관계를 지속하면 당사자들은 서로 전혀 다른 마음의 소리를 듣는다. 상대방의 끊임없는 기대와 요구에 매인 사람은 감정 문제로 쉽게 지치고 늘 피곤함을 느낀다.

"제가 왜 이렇게 애쓰고 있는 건지 모르겠어요. 우리 미래에 초점을 맞춘다는 게 무슨 말인지 전혀 이해가 안 돼요. 제가 어떻게 해도 틀렸고 항상 부족하대요. 사랑하는데 제가 그렇게까지 많이 희생해야 하는지 정말 생각도 못 했어요. 친밀한 관계를 위해 제가 모든 걸 포기하는 게 옳은 일인지도 잘 모르겠고요. 제가 몇 번이나 희생해도 돌아오는 건 그 사람은 제가 이 관계를 덜 신경 쓴다고 생각한다는 사실이에요."

그런데 이러한 고충을 들은 상대방은 전혀 다른 생각을 하고 있을 때가 많다.

"전 혼자서 많은 걸 짊어지고 있어요. 전 제가 의지할 수 있는 사람이 절실해요. 제 곁을 지킬 사람은 무책임하면 안 돼요. 그 사람은 우리 미래를 두고 어떤 말도 하지 않아요. 함께 목표를 이루려는 노력도 하지 않고요. 제가 격려도 하고 재촉도 해봤지만 전혀 나아지는 기색이 없어요. 두 사람이 함께한다는 게 쉬운 일도 아니고 해야 할 일도 산더미인데, 그 사람은 어떻게 그런 식으로 천진난만하게 생각하는 걸까요? 제가 대체 사람을 만나는 건지 애를 키우고 있는 건지 모르겠어요."

사실 당사자인 두 사람 모두 괴롭겠지만, 괴로움을 느끼는 정도만 보았을 때 다른 한쪽은 완전히 무감각해 보인다.

이들의 관계는 늘 아프고 불안하며 견디기 힘든 고통으로 가득 차 있다. 누군가를 통제하려는 마음은 도대체 어디서 시작된 걸까?

나만
애쓴다는
착각

결혼생활을 시작한 후로 자신이 불행하다고 느끼는 내담자가 있었다. 그는 상담을 통해 자신이 결혼생활에 잘 적응하기를 바랐다.

"너무 힘들어서 진이 다 빠져요. 누군가와 사귀고 결혼하는 게 그 사람이 사람답게 살도록 가르치는 과정일 줄은 생각지도 못했다니까요. 그 사람은 진짜 아무짝에도 쓸모없어요. 이민 왔으니 고향에 갈 때마다 준비하고 계획할 게 얼마나 많겠어요. 그렇게 고생해서 갔으면 한정된 시간을 잘 분배해서 우리 가족, 그 사람 가족을 먼저 챙기는 게 당연하잖아요. 그 많은 일을 계획하는데 시간을 써도 모자랄 판에 그 사람은 이번에 집에 가서 뭘 먹을지, 어디를 갈지, 어디에서 친구를 만날지만 생각한다니까요. 진짜 웃기지 않아요? 제가 무슨 겨울방학에 아이를 데리고 놀러 가는 거냐고요."

"결혼 후에 두 분이 같이 앞으로 나아가기는커녕 오히려 발목 잡힌 것 같다는 말처럼 들리는데요?"

"맞아요! 그 사람은 결혼 전부터 그렇게 무책임한 태도로 일관했어요. 결혼하는 데 돈이 얼마나 많이 드는지 다들 알잖아요. 근데 결혼할 당시 저희 형편이 좋지 않았어요. 같이 애쓰고 노력해야 할 때 그 사람은 최선을 다하지 않았죠. 저 혼자만 계속 계획적으로 살고 허리띠를 졸라맸어요. 그 사람은 아무런 걱정이 없는 소년처럼 여전히 태평한 모습이었고요. 생각해 보면 몇 년 전에 막 사귀기 시작할 때부터 그런 사람이라는 걸 알았던 것 같아요. 저희 집에 처음 인사 드리러 가는데 우리 가족이 뭘 좋아하는지 사전에 물어보지도 않고 그냥 아무 기차역에서나 살 수 있는 선물 세트를 고르더라고요."

처음에는 차분한 말투로 상담을 시작했지만 내담자의 마음속 깊은 곳에서 차오르는 강한 분노가 느껴졌다.

상대방은 나를
보모로 생각한다?

내담자는 배우자에게 실망한 부분을 재차 설명했다. 나는 그 관계가 내담자 본인에게 어떤 영향을 줬고 어떤 느낌이 들게 했는지 주목하면서 물었다. 내담자는 잠시 고민하더니 자신이 느낀 감정을 털어놓았다.

"들어 보니 배우자 분이 정말 실망스러운 행동을 많이 하신 것 같은데, 배우자 분의 행동이 본인에게 어떤 의미와 감정으로 다가왔는지 설명해 주실 수 있을까요?"

"그 사람은 계획이 없어도 너무 없어요. 그러니 미래가 불안할 수밖에요. 지금 우리가 사는 게 다 우리 미래를 준비하는 거 아닌가요? 그런데 그 사람은 제가 자기 기분이 어떤지 신경 쓰지 않는다고 해요. 그건 제가 하고 싶은 말이에요. 어쩜 그렇게 미래를 신경 쓰지 않을 수 있는 건지 모르겠어요. 우리가 함께 미래를 준비할 수 없다면 지금 우리가 서로 곁에 머무르는 시간이 쓸모 있는 시간인지 아닌지 어떻게 알겠어요? 그 사람이랑 같이 있으면 제가 철딱서니 없는 사람으로 오해받는 기분이에요. 부부는 일심동체잖아요. 제 배우자가 처신을 잘 못하면 저도 똑같은 사람이 되는 것 아닌가요? 계속 이런 식으로 그 사람이 제 발목을 잡고 방해하면 안 돼요. 그 사람 때문에 제가 모자란 사람처럼 보이는 것 같아요. 그 사람은 우리가 다른 사람들 눈에 어떻게 비치는지 신경도 안 써요. 전 그 사람 때문에 가족들 앞에서 고개를 들 수가 없는데 말이죠. 저희 둘이 이런 상황을 해결하지 못하면 제가 사람 볼 줄 모른다고 광고하는 거 아니겠어요?"

"그동안 남들 눈에 현명하고 계획적이며 의젓한 사람으로 보이려고 굉장히 노력하신 것 같군요. 결혼하기 전에도 그렇게 다른 사람이 자신을 어른스럽고 아무런 문제가 없는 사람이라고 믿어주길 바랐습니까?"

"음… 그런 셈이죠."

배우자 때문에 겪는 어려움을 들은 후 내담자가 걱정하는 내용을 정리해 주었다. 이후 몇 차례 대화를 나누며 내담자가 원가족에서 어떤 경험을 했는지 돌이켜 보았다.

또 그렇게 행동한다면
너는 끝이야!

내담지는 어머니에게 크게 상처 받은 경험을 이야기했다. 그가 중학생이였을 때 일이다. 교실에서 친구와 게임을 하던 중 다른 친구가 실수로 유리를 깨트리는 바람에 다리를 다쳐 피가 많이 났다. 이를 본 선생님은 어머니에게 전화해서 상황을 설명하고 병원에 데려가는 게 좋겠다고 조언했다.

"그날 다쳐서 집에 왔을 때 누구라도 절 위로할 줄 알았어요. 하지만 위로 대신 싸늘한 눈빛을 봤죠…."

"그 눈빛을 보고 어떤 기분이 들었는지 좀 더 자세히 말해 줄 수 있나요?"

"그 기분을 어떻게 표현해야 할지 모르겠는데…, 절 보는 어머니 눈빛이 정말 차가웠어요. 저녁 내내 한 마디도 안 하고 욕하지도 않았어요. 하지만 어머니의 태도가 마치 제가 고분고분하지도 않고 엉망진창이니 스스로 잘 단속할 필요가 있다고 말하는 것 같았어요. 그리고 제가 또 민폐를 끼치면 더 이상 저를 거들떠 보지 않을 거라고 경고하는 것처럼 느껴졌죠. 계속 말썽을 일으키면 저를 그대로 포기해 버릴 거라는 경고요. 제가 두려웠던 이유는 어머니가 절 버리고 싶어 한다는 걸 느껴서가 아니에요. 그 매서운 눈빛에서 '나는 진짜로 널 버릴 거야. 절대 농담이 아니야'라는 확실한 의사 표현을 느꼈기 때문이죠."

"그날 밤 몸에만 상처가 난 게 아니라 마음까지 횡한 기분이 들었던 거죠?"

"네…. 전 제가 버림받아도 되는 사람처럼 느껴졌어요. 어머니는 상관없는 것 같았지만….”

　내담자의 눈에서 처음으로 눈물이 흘렀다. 내담자에게 감정을 털어 낼 시간을 준 뒤 질문을 계속 이어갔고, 불안해하던 내담자의 감정이 점차 비통함으로 바뀌었다. 어린 시절의 경험이 내담자의 머릿속에 ‘실망은 유기 遺棄 를 가져온다’라는 가슴 아픈 연결고리를 심은 것이다.

　아이라면 반항할 때도 있고 부모를 실망시킬 때도 있는 법이다. 그런데 어머니를 실망시킨 일 때문에 이 내담자가 겪어야 했던 감정은 꾸지람을 들을지도 모른다는 긴장감이나 양심의 가책이 아닌 생사가 걸린 위협이었다.

　“어머니가 보시기에 제가 잘한 부분이 있었는지가 정말 중요했어요.”

　“아무래도 타인에게 좋은 모습을 보여 주지 못하면 어머니의 차가웠던 그 눈빛이 떠오르는 것 같군요. 스스로 형편없는 존재라고 생각하고 자신이 곧 버려질 거라고 느끼다면 지금 정말 위험한 상태예요. 많이 두렵고 초조하기도 할 테고요.”

　“네….”

　“눈물은 무색투명하지만, 그 안에 담긴 감정은 다양한 색을 품고 있어요. 무관심한 어머니의 태도는 두려움의 눈물을 흘리게 하죠. 어머니가 실망한 모습을 떠올리면 가책의 눈물이 흐르고, 곧 버려질 거라고 느끼면 초조함의 눈물이 흘러요. 내가 중요하지 않은 존재였다는 걸 알게 됐을 땐 무력함의 눈물이 흐르죠. 성장 과정에서 본의 아니게 이러한 연결고리를 만들어서 스스로 불행하다고 느낄 수 있어요. 타인을 실망시키면 죄를 짓는 것이고 타인의 기대에 부응하지 못하면 버려질 거라는 위협감은 정말 고통스러우니까요."

누구에게나 완벽한 사람으로 보여야 한다는 압박감

10분 정도 울다가 감정을 추스른 내담자는 자신과 비슷한 감정을 느꼈을지도 모르는 남동생의 이야기를 꺼냈다.

"어쩌면 제 남동생도 비슷한 느낌을 받았을지 모르겠어요. 저랑 남동생은 대화가 거의 없는 편인데 언젠가 남동생의 기분이 좋지 않은 걸 알고 일부러 시간 내서 챙겨 준 적이 있어요. 아니나 다를까 남동생은 어머니가 요즘 자기 상황이 어떤지 알까 봐 무섭다고 하더라고요. 예전에 성적 떨어진 걸 어머니한테 들키지 않으려고 성적표를 중간에서 가로채기 했대요. 남들한테는 그냥 웃고 넘길 수 있는 추억이지만, 남동생은 그렇게 할 수 없어요. 그때 느낀 초조한 감정이 다시금 떠오르니까요. 자기가 잘못한 부분이 들통날까 봐 두려운 거죠. 아마 남동생도 저랑 같은 고민을 하고 있을 것 같아요. 남동생은 자신을 향상시키기 위해 줄곧 노력해 왔어요. 항상 좋은 상태를 유지하려고요."

성장을 향한 압박감은 선택의 여지가 없을 때 시작된다. 언제나 스스로를 감독하려고 드는 건 성장하지 않으면 남들도 자신을 존중하지 않을 거라고 누군가 마음속에서 끊임없이 속삭이기 때문이다.

'널 위한다'는 말이 폭력이 되는 이유

앞선 상담의 내담자는 성인이 된 이후 어떠한 생각을 갖게 되었을까? 성장을 향한 압박감은 다른 사람들과 새로운 관계를 맺으면서 점차 '우리는 함께 발전해야 한다'로 변했고, 이후 결혼할 상대를 만났을 때는 '나는 내 배우자를 발전시킬 의무가 있다'라는 생각으로 이어졌다.

이후 내담자를 다시 만났을 때 관점을 바꿔 볼 수 있도록 이렇게 질문했다.

"그동안 남들 눈에 현명하고 의젓한 사람으로 보이기 위해 굉장히 노력하신 것 같습니다. 그런데 누군가와 친밀한 관계가 된 후로는 좋은 모습을 계속 유지하기가 어렵잖아요."

"전 원래 조심성이 많은 사람이에요. 언제나 발전하기 위해 노력하고 남들 눈에 비친 제 모습을 유지하려고 조심했죠. 제 욕망을 억누르는 것도 개의치 않았어요. 그런데 누군가와 가까운 사이가 되면 조심할 게 더 많아지더라고요. 제 옆에 있는 사람이 다른 사람들의 기준에 들어맞는지를 엄청나게 신경 써요. 그래서 배우자도 열심히 감시하고 통제해야 한다고 생각하는 것 같아요."

목표가 관계를 발전시킨다는 착각

오늘날 이와 같은 생각은 매우 흔하다. 온라인에서 소통하는 커뮤니티 앱을 쉽게 접하는 요즘 같은 시대에는 본인이나 배우자의 생활이 노출되기가 더 쉽다. 내담자처럼 자아가 불안한 상태인 사람들은 이러한 상황에서 견디기 힘들다.

'나와 가까운 사람은 나와 함께 발전해야 한다'라고 생각하면 단순하게 시작한 관계에도 복잡한 요구 사항들이 계속해서 붙게 된다.

그들은 자신의 요구 사항에 대개 합리적으로 보이는 이유를 덧붙인다. 듣다 보면 어딘가 잘못됐다는 생각이 전혀 들지 않는다. 예를 들면 이런 것이다.

- 실력을 향상시키는 건 당연한 의무잖아. 사람은 누구나 자기 연인이 좀 더 발전하길 바라지 않아?
- 우리 관계를 아낀다면 서로 도움이 돼야 하는 거 아니야? 내가 지금보다 더 나은 사람이 될 수 있도록 도와야지.
- 좋은 친구라면 당연히 상대에게 도움이 돼야 해. 다그치는 것도 친구를 위한 거야.

둘 사이에 발전해야 한다는 목표만 남는다면 관계는 계속 나빠질 수밖에 없다.

당신은 잘못된 대상에게 분노하고 있었다

내담자는 여러 차례 상담을 거치면서 평소 눈에 거슬리던 배우자의 행동을 다시 바라보았다. 타인의 인정을 신경 쓰며 초조해하던 마음이 배우자의 행동을 사사건건 부정적으로 보게 했음을 깨달았다. 그리고 스스로 판단한 결과를 이야기했다.

"단순히 그 사람에게만 화가 났던 게 아닌 것 같아요. 어머니에게 훌륭한 자식이라는 제 이미지를 그 사람이 망가뜨릴까 봐 걱정했던 것 같아요. 제가 그 사람이랑 함께하기로 결심했을 때 가족들이 불만을 느껴서 더 그랬던 것 같아요. 만약 제가 잘 지내지 못하거나 그 사람이 좋은 모습을 보여 주지 않으면 가족들에게 증거를 주는 것과 다름없다고 생각한 거예요. '내가 잘못된 선택을 했고 난 정말 무용지물이다'라는 걸 보여 주는 증거요."

상담 후에 내담자는 기존의 감정을 새롭게 해석하기 시작했다. 유년 시절에 받은 죄책감이 스스로 감당하지 못할 상태가 되었고, 이러한 문제가 다른 관계로 전이되었다는 사실을 날이 갈수록 분명하게 이해하는 모습이었다.

"사실 저는 가족들이 저를 미심쩍어 하고 제가 실수했다고 생각하는 게 두려웠어요. 저에게 가족의 질타는 공포 그 자체였으니까요. 지금까지 제가 스스로 해낸 모든 것이 부정당하는 느낌을 받았거든요. 그런 불안감이 배우자가 제 발목을 잡고 있다는 생각과 그 사람이 너무 싫다는 마음으로 서서히 변한 것 같아요."

사실은 미운 게 아니라
부러웠던 것

시간이 흘러 마지막 상담이 얼마 남지 않았을 때 내담자는 사실 배우자가 부럽다고 고백했다.

"솔직히 말해서 그 사람이 정말 부러워요. 전 그 사람이 타인을 신경 쓰지 않고 자유롭게 산다고 생각하거든요. 그 사람은 남들이 자신을 어떻게 볼지 걱정하지 않아요. 저는 중앙 냉난방 시스템처럼 관할 범위가 넓어요. 제 주변에 있는 모든 사람의 온도를 책임지려고 하죠. 어머니 쪽 온도가 낮으면 즉시 난방을 가동할 책임이 제게 있다고 생각해요. 회사 사장님 쪽 온도가 높으면 최대한 빨리 온도를 낮출 방법을 찾아야 한다고 생각하고요."

"들어 보니 정말로 24시간 내내 쉴 틈이 없겠어요."

"진짜 너무 피곤해요. 그 사람처럼 지낼 수 있다면 얼마나 좋을까요. 다른 사람 상황을 조사하고 감시하는 시스템도 없고 자신이 어떤 책임을 져야 한다는 생각도 하지 않잖아요. 그런 점을 배울 수 있다면 좋겠어요."

통제형 유형인 사람이 이런 생각을 한다는 건 문제 해결의 조짐이 나타난 것과 같다. 하지만 과거가 남긴 자신의 죄책감을 따뜻한 마음으로 이해할 수 있어야 문제의 벽을 완진히 깰 가능성이 생긴다.

사실은 당신도 완벽을 원하지 않는다

좋은 사람이 되지 못하면 버려질 가능성이 크다고 믿었던 걸까? 완벽한 사람으로 보여야만 했던 때가 있었을 것이다. 가족의 기대를 충족하지 못하거나 가족들이 원하는 모습이 되지 못하면 그들이 주는 사랑을 잃을까 봐 전전긍긍했을 것이다.

그래서 아무리 힘들어도 자신이 힘들다는 사실을 인정하지 못했다. '훌륭하지 않은 나는 멈춰 설 자격이 없고 완벽하지 못한 나는 위로받을 자격이 없다'라고 생각하며 말이다. 그러나 당신도 지치고 피곤할 때가 분명히 있었다.

타인의 실수에서 채운
그릇된 자존감

쉬지도 못하고 노력한 대가가 성장을 위한 끝없는 채찍질뿐이라는 사실을 아는가? 남들보다 뛰어나면 편안해질 수 있다고 생각했는데, 자유와 편안함은 여전히 거리가 멀다. 노력하지 않아도 일찍이 이를 누려온 사람이 많은데 말이다.

사실 통제형 유형의 사람도 자유를 간절히 바란다. 자유롭게 살 자격 역시 있다. 그러나 그 사실을 모른 채 다른 사람을 보며 자신과는 달리 그들에게는 자유로운 삶이 금지되지 않았다고 생각하며 부러움을 느낀다.

통제형 유형은 그 부러움이 마음속에 남아있지 않도록 너머로 던져 버린다. 더 이상 부러워 하고 싶지도 않고 감정에 충실하고 싶지도 않기 때문이다.

또한 그들이 태어난 가정은 삶에 자유와 편안함이 필요하지 않다고 말한다. 그들이 바라는 건 규제를 배우는 것이다.

가끔씩 다른 사람이 잘못을 저지르지 않는지를 예의주시할 때가 있다. 그들의 실수를 잡아낼 때 큰 위안을 얻기 때문이다. 타인의 실수는 과거의 나 자신에게 떳떳할 수 있는 증명서가 된다. 그리고 어른이 되어 남들보다 완벽하고 뛰어난 사람에 한발 더 가까워진 증거라고 생각한다.

나이가 들면서 마음속 아이도 함께 자란 게 맞을까? 완벽하게 포장된 상자 안에 보관하고 있던 것은 부모에게 거절당하기 싫은 두려움과 스스로 여전히 모자란 사람이라고 생각해서 느끼는 죄책감이 아닐까?

반드시 완벽할 필요는 없다

성인은 더 이상 가족 중 누군가에게 의지해야만 살 수 있는 사람이 아니다. 그동안 어깨에 가득 짊어졌던 부모의 기대와 거짓된 모습을 강요받았던 과거의 자신을 잊고 자기 본연의 모습으로 살아가야 할 때다.

여태껏 다른 사람에게 인정받기 위해 완벽을 추구하며 살아왔다면 이제는 자신의 모습을 있는 그대로 받아들여야 한다. 아래의 말을 기억하자.

"남을 실망시키는 건 죄가 아니다."

연인을 사랑하든 친한 친구와 우정을 나누든 애쓰지 않고도 누군가를 편안하게 사랑할 수 있다. 앞으로 타인을 일일이 통제하려는 마음과 완벽을 향한 압박감을 모두 내려놓고 싶다면 지금부터 준비해야 할 것들이 많다.

한 내담자와 어떠한 관계의 문제를 해결하기 위해 상담하면 그가 맺은 또 다른 관계를 비유로 들어 문제를 설명할 때가 있다. 새로운 관점을 얻는 중요한 전환점이 여기서 시작한다. 통제형 유형에 속하는 내담자와 이야기를 나누다 보면 다음과 같은 문장을 자주 들을 수 있다.

- 저는 아들이나 딸 같은 사람이 아니라 절 지지해 줄 수 있는 사람과 살고 싶어요.
- 그 친구는 행동 능력이 없는 갓난아기처럼 살아요. 전 개를 보살필 만큼 에너지가 많지 않아요.
- 나이가 몇인데 제가 계속 이끌고 가르쳐 주길 바라냐고요. 그 친구하고 있으면 제가 무슨 선생님이라도 된 기분이에요!
- 어떻게 이럴 수가 있죠? 명색이 부부인데 엄마와 아들이 된 느낌이라니까요?
- 솔직히 말이 안 돼요. 동등했던 관계가 어떻게 사제師弟 관계가 돼 버렸을까요?

관계가 상처가 되기 전에

이를 통해 이들에게 인간관계가 얼마나 큰 부담이었는지 알수 있다.

관계의 본질을 되돌아보자

가르치고 통제하며 친분을 유지하고 있다면 이미 그 관계는 본질을 잃었다는 뜻이다. 건강한 관계를 짧은 문장으로 이해해한다면 '함께 사랑을 주고받다', '감정이 서로 통하고 의견이 같다', '마음이 통하다', '오랫동안 서로 의지하며 지내다', '꿋꿋하고 흔들리지 않는다' 등으로 묘사할 수 있다.

친밀한 관계란 두 사람이 서로의 생각을 깊이 이해하고 상대방의 감정과 느낌을 중요하게 생각하는 관계, 두 사람이 깊은 감정을 느끼며 이 관계가 영원히 지속되기를 바라는 관계를 가리킨다.

통제형 유형인 사람과의 관계는 다음과 같다. 아내가 남편에게 "사람들이 내가 결혼 잘했다고 부러워하도록 돈을 더 많이 벌어 와라"라고 요구하거나, 반대로 남편이 아내에게 "내 가족한 명 한 명을 조건 없이 사랑하고 빈틈없이 보살펴라"라고 요구하는 것이다.

검열과 평가보다
존중이 먼저다

관계의 본질을 잊어버릴 때 우리는 상대에게 자칫 '타이거 파더(자녀에 대한 기대치가 높고 엄격하게 훈육하는 아빠)'나 '타이거 마더(엄격하지만 사랑과 믿음을 바탕으로 아이를 훌륭하게 키워내는 엄마)'가 된 것처럼 군다. 서로의 행동을 수없이 검토하고 평가하지만 정작 관심을 갖고 지지하며 존중하는 일은 잊어버린다.

몇 년 전 한 방송에서 방영되어 큰 인기를 얻은 〈네 아이는 네 아이가 아니다〉(한국의 〈스카이캐슬〉과 비슷한 주제를 다룬 대만 드라마)라는 드라마처럼, 부모가 자식을 보살피고 양육하는 역할을 잊고 아이를 자기가 인정할 수 있는 모습으로 키우려 하면 돌이킬 수 없이 나쁜 사이가 되는 경우가 종종 있다.

친밀한 관계에서도 마찬가지이다. 이해하는 대화와 진심 어린 합의 없이 어느 한쪽의 일방적인 목표에 토대를 두고 관계를 이어 나간다면, '그 사람은 내 사람이 아니다'라고 생각하기까지 그리 오랜 시간이 걸리지는 않을 것이다.

만약 당신이 통제형 유형에 속하는 사람이고, 가까운 관계에서 둘 사이의 문제가 점점 커지는 것 같다고 느낄 때는 잠시 마

음을 가라앉히고 관계의 본질을 잘 살펴보자. 그러면 방향을
조정해야 할 부분이 눈에 보인다.

서로에게
부담 주는 마음을
내려놓는 법

앞에서 언급했지만, 통제형 유형으로 자라는 가장 큰 이유는 성장 과정에서 경험한 죄책감과 절망감이다. 따라서 이 문제에서 벗어나고 싶다면 반드시 자신의 인생을 복습해 봐야 한다. 성장 과정 중 어느 때에 죄책감과 절망감을 느꼈고, 이런 감정들이 자신의 가치관에 어떠한 영향을 끼쳤으며, 지금 가까운 관계에 어떤 악순환으로 이어졌는지 보는 것이다. 쉽지 않을 것 같아도 누구나 할 수 있다.

죄책감과 절망감은 언제, 어느 상황에서 자주 겪을까? 보통 세 가지 측면에서 살펴볼 수 있다. 이 세 가지 부분을 들여다보며 자신이 지나치게 불필요한 죄책감과 절망감을 느끼며 성장한 것은 아닌지 점검해 보자.

1. 우리 집안의 불안은
모두 내 문제다

성장하면서 가족과 부모를 불행하게 만드는 나쁜 아이라는 지적을 자주 받지는 않았는가? 부모가 화가 나면 습관적으로 "너만 아니었으면 우리도 이렇게까지 할 필요는…", "네가 이 모양이니까 집안 꼴이…"와 같은 말로 당신에게 화풀이하지 않았는가?

예를 들면 "네가 날 위한답시고 소리를 지르면 네 아빠가 날 못살게 굴지 않을 것 같아?", "네가 항상 네 엄마 옆에 붙어 있을 수 있다면 그 사람이 그렇게 고통스럽지는 않을 거야!", "네가 잘했으면 우리 부부가 이렇게 주구장창 싸우겠니?"라고 하거나 심지어 "널 낳은 게 후회돼"와 같은 모진 말로 질책한다. 그러면 저도 모르는 사이에 내가 없는 것이 이 집에 도움이 되겠다는 생각을 한다.

2. 타인의 말을 따르지 않는
나는 유죄

성장하면서 가족들이 당신에게 직간접적으로 요구 사항을 잘 지키지 않으면 심각한 후폭풍을 감당해야 한다는 메시지를 전하지는 않았는가? 작게는 교우 관계부터 크게는 인생 계획에까지 문제가 생긴다며 자기가 시키는 대로 하라고 겁주지는 않았는가?

주체적으로 하고 싶은 것을 결정하려고 할 때 가족이 강하게 반대하고 나서며 "내가 간섭하는 건 사실 다 널 위해서야", "널 사랑하기 때문에 이런 요구를 하는 거야"라는 메시지를 같이 전달하기도 한다. 심지어 "앞으로도 내 말을 듣지 않으면 너도 네 아빠처럼 나한테 실수하는 거야"라며 우격다짐의 태도를 보이기도 한다. 그러면 반박하려던 마음은 죄책감으로 변하고 반항보다는 힘없이 순종하는 쪽을 택하고 만다. 이런 상황을 지속하다 보면 서서히 다른 사람의 명령을 거부하는 것이 그 사람에게 미안한 짓을 하는 거라고 믿게 된다.

3. 누군가의 인정이 없다면
나는 곧 무너질 것이다

성장 과정에서 자신감을 떨어트리는 말을 자주 듣지는 않았는가? 다른 사람의 인정을 받는 것이 당신이 생존할 수 있는 유일한 길이라고 착각하지 않았는가? 부모는 우리가 얌전하게 굴어야만 사랑받을 수 있고 얌전하게 굴지 않으면 사랑받지 못한다며 조건부 관심을 준다.

당신은 부모에게 사랑받기 위해 그들이 바라는 아이가 되려고 줄곧 노력해 왔다. 인정받기 위해 애쓰는 과정에서 운 좋게 좋은 결과를 얻으면 부모는 어김없이 찬물을 끼얹으며 "그러니까 네가 아직 충분히 성숙하지 못하다는 거야", "아직 너한테는 우리 도움이 필요해"라고 말한다.

불행히도 어떤 일에 실패하면 "너 혼자 힘으로는 절대 성공 못 해", "거 봐! 내가 없으니까 안 되잖아"와 같은 말로 자존심에 상처를 입혀 평생 타인에게 인정받기 위해 노력하는 절망의 굴레로 빠트린다.

만약 자라면서 이 세 가지 유형에 해당하는 경험을 했다면, 주변 사람과 친밀한 관계를 잘 이어 갈 수 있는 상태라고 말하기 어렵다. 왜냐하면 과거의 경험으로 무의식중에 쌓인 죄책감과 절망감이 순수한 마음에 걸림돌로 작용하기 때문이다.

"내가 상대방에게 더 나은 미래를 주지 못하면 날 사랑하는 것이 그 사람에게는 아무 의미가 없어", "상대방을 더 나은 사

람으로 만들어야 내가 쓸모 있는 사람이 되는 거야"라는 식의
생각이 곧 관계의 장애물이 된다.

관계의 당사자인 두 사람이 서로 곁을 지키고 깊이 소통하면
서 통제형 유형이 낳은 부정적인 생각을 가려내야만 문제의 원
인을 이해하고 건강하게 관계를 이어 나갈 수 있다.

'우리'가 바라는 것인가
'내'가 원하는 것인가?

통제형 유형인 사람과 다툼과 충돌이 발생했을 때 두 사람의
대화는 보통 다음과 같은 특징을 보인다.

• 맙소사! 이미 결혼까지 한 사이잖아. 그런데 왜 당신은 우리
  미래에 닥칠 위험을 미리 준비하지 않는 거야?
• 너는 남들이 우리를 보는 시선을 어떻게 그토록 대수롭지 않
  게 생각할 수 있어?

위의 말이 그나지 이상하게 들리지 않을 수도 있다. 그러나
여기에는 "'우리'가 대체 누구인가?"라는 매우 역설적인 질문이
숨어 있다.

자신이 능숙하게 감정을 다루고 있다고 생각했던 한 내담자가 이런 이야기를 들려준 적이 있다.

"전 그동안 그 사람이 우리 관계를 중요하게 여긴다고 생각했어요. 우리 둘 사이의 일을 주로 얘기하기도 했고요. 그런데 생각해 보니까 갑자기 소름이 돋는 거예요. 그 사람이 중요하게 생각한 건 우리가 아니라 제가 그 사람이 써 둔 극본대로 잘 수행하는지 아닌지였어요."

통제형 유형에서 '우리'에 초점을 맞춘 대화는 사실 두 사람 모두가 바라는 것이 아니라 한 사람이 일방적으로 기대하는 바일 수 있다.

따라서 친밀한 관계에서 소통할 때 "우리는… 해야 한다"를 내려놓는 연습을 해 보면 좋다. 이런 식으로 순수하게 개인 대 개인으로 소통하고 모든 요구 사항을 다시 출발점으로 돌려놓은 뒤 의견을 나누는 것이다.

위 사례에서 언급한 문장은 "맙소사! 이미 결혼까지 한 사이 잖아. 근데 왜 당신은 '우리' 미래에 닥칠 위험에 대해 준비하지 않는 거야? 당신은 남들이 '우리'를 보는 시선을 어떻게 그토록 대수롭지 않게 생각할 수 있어?"였다.

통제형 유형이 악화되는 상황을 피하기 위해 다음과 같이 표현을 바꿀 필요가 있다. "당신과 나는 이미 결혼한 사이잖아. 그래서 난 당신이 미래에 대한 계획을 좀 세웠으면 좋겠어. 남들이 앞으로 나나 당신을 나쁘게 생각할 수 있다는 사실을 나로선 받아들이기가 힘들거든."

그러고는 여기에 질문을 하나 덧붙인다. "내 바람은 이런데 당신 생각은 어때?" 이렇게 하면 각자 개인으로 돌아가 생각하고 대화를 나눌 수 있다. 또한, 모호한 단어인 '우리'가 두 사람의 진실한 감정을 상하지 않게 막을 수 있다.

CHAPTER 4

우리는 왜
미움을
사랑이라
착각하는 걸까?

마음속 분노를 멈추는 법

잘못된 것은 감정이 아니라 감정을 옭아맨 과거라는 매듭이다.
이 매듭이 묶인 기억을 제대로 알 때
미움도, 증오도 감당할 수 있다.

나는 언제부터
걸어 다니는 시한폭탄이
되었을까?

"전 온 마음과 정성을 다해 그를 사랑했어요. 어떻게 그 사람은 저를 눈곱만큼도 신경 쓰지 않을 수 있죠…? 그 사람이 너무 미워요."

증오형 관계 유형에 빠진 사람들은 사랑과 증오의 경계를 파악하거나 사랑과 증오 사이에 한계를 긋는 일을 원치 않을지도 모른다. 애증이 교차하는 관계를 그대로 두는 것이다.

그들은 누군가와 친밀한 사이가 되면 기꺼이 상대방을 위해 애쓰고, 상대방이 자신을 위해 노력하지 않아도 기꺼이 받아들인다. 사랑하는 사람이 실망시킬 때면 그들은 '납득할 수 있어'라고 스스로에게 말한다. 마음이 남아 있다면 언제까지고 견딜 수 있다며 말이다.

그러나 언제부터인가 자신을 무시하고 신경 쓰지 않는 그 사람의 모습이 거슬리기 시작하면 그동안의 인내는 분노와 증오로 바뀐다. 증오형 유형인 사람들에게 사랑과 증오는 같은 개념이다. 사랑하는 관계에서도 언제든지 그 사랑을 발판 삼아 분노를 폭발할 수 있다.

"네가 나를 아프게 하니까 나도 네게 상처 주는 거야"

만약 당신이 증오형 유형인 사람이라면, 과거를 돌이켜 봐도 가까운 관계가 언제부터 이토록 복잡한 모습이 되었는지 제대로 기억이 나지 않을 수 있다. 그러나 한 가지 사실은 분명히 생각날 것이다. 상대방이 인생에 나타난지 얼마 지나지 않아 그를 전적으로 신뢰하기 시작했다는 사실 말이다.

이 유형은 누군가와의 관계에 믿음을 가지고 몰입하기 시작하면 상대방의 모든 것을 이해하고 무엇이든 너그럽게 받아들인다. 그가 주는 작은 상처들을 간과한 채로 말이다. 상처는 사

　　　　　관계가 상처가 되기 전에

랑에 비하면 별것 아니라고 여긴다. 그렇게 상대방은 한발 한 발 서서히 사적인 공간을 침범하고 넘어서는 안 될 경계를 넘기 시작한다.

사실 경계는 처음부터 없었는지도 모른다. '가장 가까운 사람과의 사이에 굳이 경계가 필요할까?'라고 생각하며 말이다. 그러나 상대방이 호의를 저버리고 무시하는 모습을 보면 순수했던 마음은 분노가 되어 끝내 폭발하듯 밖으로 분출된다.

그 사람은 증오형 유형의 인생에서 다양한 감정을 불러일으키는 유일한 대상이다. 가장 사랑하는 사람이면서 가장 증오하는 사람이고, 현재 만나고 싶은 사람이면서 다시는 그리워하고 싶지 않은 사람이며, 가장 가까이하고 싶지만 가장 멀리 하고 싶기도 한 사람이다.

이처럼 상대방은 이들을 아프게 한다. 그러나 더 이상 참을 수 없는 순간까지 분노가 쌓이다 보면, 이 유형의 사람들도 점점 그를 아프게 하는 사람으로 변한다.

매번 참는 사람이
가장 무섭다는
이유

예전에 가까운 사람과 싸울 때 자신이 분출한 감정에 놀라 심리 상담을 받으러 온 내담자가 있었다. 내담자는 가장 충격적이었던 사건을 이야기했다. 격한 감정을 쏟아 낸 장면을 설명했지만, 말투는 상당히 평온했고 태도는 온화했다.

"저녁식사를 마치고 얼마 되지 않은 때였어요. 친한 친구와 다음 주 스케줄을 어떻게 할지 이야기하고 있었죠. 전 그 애가 다음주에 어떤 일정이 있는지 궁금했어요. 친구의 스케줄을 먼저 파악한 뒤에 제 아르바이트 시간을 정해서 함께 놀 시간

관계가 상처가 되기 전에

을 방해받지 않으려고요. 무슨 계획이 있는 것 같았지만 제대로 말을 안 해 줘서 제가 여러 번 물었죠. 친구가 귀찮다는 듯이 행동해서 더 확실하게 알아봐야겠다는 생각이 들더라고요. 그랬더니 걔가 한숨 쉬면서 말했어요. '너 이러는 거 진짜 짜증 나. 친구 사이의 기대치를 좀 낮출 수 없어?'라고요. 갑작스런 반응에 좀 놀랐어요. 그래서 무슨 뜻이냐고 따져 물었더니 이렇게 대답하는 거예요. '난 우리가 지금보다 자주 만나지 않으면 좋겠어.' 그 말을 듣고 밤새 정신 나간 사람처럼 행동했어요. 너무 화가 나서 있는 대로 성질을 부렸죠."

"들어 보니 당시 감정이 꽤 격했던 것 같은데요. 혹시 그때 어떤 식으로 성질을 냈는지 설명해 주실 수 있을까요?"

"폭발하듯이 그 사람에게 욕을 퍼부었어요. 머릿속에는 그 사람이 얼마나 괘씸한지만 끊임없이 떠올랐고요. 그 사람을 알게 된 순간부터 지금까지 쌓아온 모든 불만을 한꺼번에 몽땅 쏟아냈어요. 정말 많은 일을 얘기한 것 같아요. 그러고는 '뻔뻔한 인간! 우리가 친하게 지낸 지 벌써 1년이 다 됐는데 날 배반할 생각을 하고 있지? 염치라고는 눈곱만큼도 없는 놈!', '네가 날 제대로 보살피고 있다고 생각해? 너처럼 쓸모없는 놈이 나한테 싫다고 하면 넌 그냥 나가 죽어야지', '거지발싸개 같은 자식, 난 너랑 같이 있을 필요 없어. 네 꼴을 좀 봐. 그러니까 네 주변 사람들이 너를 배신하지'라고 욕했어요."

"혹시 가능하다면 당시 기억에 남는 손짓 발짓 같은 게 있을까요?"

"사실 방에 있던 의자와 드라이기를 망가트렸어요…. 정말 화가 났거든요. 저 스스로 통제가 안 되고 도저히 멈출 수가 없었어요. 그렇게 자기 전까지 거의 네 시간을 내리 화냈죠. 지금 생각해 보면 제가 너무 심했어요. 그렇게까지 심각할 문제가 아니었거든요. 하지만 그때 당시에는 정말 방법이 없었어요. 머릿속이 증오로 가득 차 있었으니까요."

내담자는 다투는 과정에서 수많은 욕을 써서 상대방을 공격했다고 말했다. 욕과 함께 손짓으로 흉내 낸 행동을 보면서 얼마나 감정이 고조된 상황이었는지 짐작할 수 있었다.

내담자는 당시 친구와 1년 동안 만났는데 그때가 살면서 친구에게 두 번째로 심하게 화를 낸 날이었다고 말했다.

밖에서는 다정한데
가까운 사람에게만 공격적이다?

내담자의 이야기처럼 통제할 수 없을 정도로 강렬한 분노의 감정은 증오형 관계 유형에서 나타나는 전형적인 모습이다. 어느 순간 자기도 모르게 감정이 무너지는 이런 유형의 사람은

친구에게만 그렇게 행동할 가능성이 적기 때문에 내담자에게
확인해 보았다.

"혹시 연애할 때도 감정이 통제가 안 돼서 본인 스스로 놀랐
던 경험이 있나요?"

"음…. 예전에 확실히 그런 비슷한 상황이 있기는 했어요. 전
에 사귄 사람도 제가 화낼 때랑 아닐 때 모습이 완전히 다르다
고 했거든요. 그 사람과 싸울 때면 목소리가 커서 그런지 옆집
에서 무슨 일인지 보려고 찾아오기도 했어요."

앞에 나온 설명만 들으면 증오형 유형에 속하는 사람은 항상
화난 표정을 짓고 공격적인 태도를 보여서 주변인들이 그를 두
려워할 것이라고 생각하기 쉽다. 그러나 이 사례를 보면 알 수
있듯, 평상시 행동이나 표정을 보고 그런 성향이 있다는 걸 판
별하기는 어렵다.

증오형 유형의 성향이 있는 사람들은 연인 관계에서든 친구
나 다른 평범한 인간관계에서든 평소에는 예의바르고 침착하게
잘 지낸다. 사람들이 그를 친절하고 마음이 넓은 사람이라고 생
각할 때도 있다.

어느 시점에서만 그들의 분노가 폭발하듯 터져 나오는 것이
다. 위에서 언급한 내담자가 상당히 민감한 이야기를 전달하면

서도 태도와 말투는 상당히 평온하고 안정적이었던 것과 같다.

친밀한 관계에서 이처럼 앞뒤가 맞지 않는 현상이 나타나는 원인은 무엇일까? 마음속의 어떤 문제가 증오형 관계 유형으로 이끄는 걸까?

감정이 고장 난
어른을 만드는
가장 결정적인 원인

앞의 내담자와 네 번째 상담을 할 때쯤, 자신과 아버지의 관계를 주제로 이야기를 꺼냈다.

"사실 저와 아버지의 사이는 말로 표현하기 힘들어요. 아버지와 제대로 이야기를 나눈 지가 너무 오래됐거든요. 전화 통화도 가급적 30초 이내에 끝내려고 해요. 아버지와 관련해서 그나마 기억에 남는 건 제가 초등학교 5, 6학년 때쯤일 거예요. 아버지는 친구 분들을 집에 초대해 술 마시며 이야기 나누는 걸 좋아했어요. 당시 저희 집은 그렇게 크지 않았어요. 제가 숙제를 하려고 방에 틀어박혀 있어도 아버지와 친구 분들 목소리가 들려서 방해가 됐죠. 언젠가 제가 시험을 준비할 때 아버지가 또 친구 분들과 집에서 시끄럽게 떠드는 거예요. 너무 짜증이 났는데 아버지가 방에 들어오더니 저더러 친구들이랑 차를 마시게 물 좀 끓이라고 했어요. 그때 전 이미 시끄러운 소음 때문에 기분이 좋지 않은 상태라 못 들은 척 했죠. 아버지가 절 세 번 정도 불렀는데 제가 하기 싫다고 했어요. 눈까지 부라리면서요. 아버지가 화난 듯한 제 표정을 보더니 저를 마구 꾸짖었어요. '아버지가 물 좀 끓이라고 했으면 알겠습니다, 하고 떠올 것이지 어디서 건방을 떨어? 그 표정은 또 뭐야? 네가 지금 이 집에서 화낼 군번이야? 죽어도 못 도와주겠다 이거지? 내가 너한테 이깟 일도 못 시켜? 그리고 안 도와주면 그만이지 얻다 대고 화를 내! 네가 아빠야 내가 아빠야, 어? 너한테 물 끓이라고 시키려면 내가 무릎 꿇고 빌기라도 해야 되냐?'"

내담자의 이야기를 듣고 가슴이 아팠다. 그런 말과 꾸중은 성인이라도 받아들이기 쉽지 않고 심리적으로도 큰 타격을 입는다. 그 당시 열 살 정도밖에 안 된 아이가 아버지에게 그런 압박을 받아야 했던 것이다.

내담자는 그때 일화를 말하고 나서 어렸을 때 아버지에게 야단맞은 사건 한두 개를 더 떠올렸다.

"간단히 말해서 아버지와 함께 생활하는 건 제게 시련이나 마찬가지였어요. 아버지를 웃는 얼굴로 맞이하지 않으면 아버지는 제 마음을 불편하게 만들고 여러 가지 약점을 공격하면서 견디기 힘들 만큼 저를 나무랐어요. 두려움과 공포에 떨며 온몸을 얼어붙게 만든 거죠."

아버지에게 받은 정서적 압박감을 전부 털어놓은 내담자는 상담하면서 처음으로 눈물을 떨궜다.

화내지 않는 사람이 된 이유

내담자의 아버지 이야기를 들으면서 앞서 이야기한 친구 사건과의 연관성을 조심스럽게 제시해 봐야겠다는 생각이 들었다. 다행히 내담자는 자신의 감정 상태를 받아들였고, 문제의 원인을 빠르게 정리할 수 있었다.

"앞서 몇 차례 상담했을 때 평소 주변 사람들이 기분을 언짢게 하면 참는 경향이 있다고 말하신 걸로 기억해요. 본인의 기분이 안 좋은 걸 다른 사람이 아는 게 위험한 일처럼 느껴져서라고 하셨죠. 이와 관련해 기억에 남는 일이라도 있습니까?"

"네. 전 다른 사람에게 불만을 표시하면 항상 결과가 좋지 않았던 것 같아요. 그래서 습관적으로 불만을 삼키려고 하죠. 제 부정적인 감정을 다른 사람이 알게 되는 건 저한테 위험한 일처럼 다가오거든요."

"좀 전에 아버지가 본인을 어떤 식으로 대했는지 들어 보니 남에게 불쾌감을 드러내는 것이 어떻게 본인을 무너뜨리는 일이 될 수 있었는지 확실히 이해가 됩니다. 성장 과정에서 아버지가 본인이 화난 것 같은 표정을 봤을 때 강렬하게 반응했던 것 같네요. 기분이 안 좋은 기색이 조금이라도 표정에 드러나면 아버지가 두려운 상황을 조성한 것처럼 보이고요. 분노의 감정을 폭발하듯 쏟아내고 안정감을 깨트리는 말을 던진 것도 포함해서요. 전 이게 아주 무서운 경험이라고 생각해요. 화를 내면 세상이 무너질 수 있다는 부담감을 감당해야 하니까요. 제 얘기를 듣고 어떤 기분이 드셨는지 궁금합니다."

"전 정말 그런 말을 견디고 싶지 않았어요. 특히 그 말을 할 때 아버지의 눈빛과 표정이 싫었죠. 너무 무서웠고 위험하다는 생각이 들었어요."

"그랬겠네요. 어쩌면 그런 위험을 피하려고 화내지 않는 사람이 되기로 결심하신 모양이에요. 남에게 화난 모습을 들키지 말아야 한다고 스스로에게 요구한 거겠죠."

모든 감정에는
이유가 있다

몇 년 전 상당한 인기를 누렸던 픽사 애니메이션 〈인사이드 아웃〉처럼 모든 사람에게는 기쁨이(기쁨), 슬픔이(슬픔), 버럭이(분노), 까칠이(혐오), 소심이(공포) 등 원초적인 감정이 있다. 모든 감정은 우리가 생존하는 데 저마다 중요한 의미와 가치를 지닌다.

내담자의 어릴 적 경험을 통해 우리는 그의 아버지가 '버럭이'나 '까칠이'와 같은 내담자의 부정적인 감정에 상당한 압박을 느꼈고, 자식의 불만과 분노를 느끼는 순간 심각하게 반응했다는 사실을 알 수 있다. 내담자가 화내지 않게 저지하려는 것이다.

이런 패턴이 지속되면 아이는 자신이 안전하게 화낼 수 있는 대상을 찾을 수 없기 때문에 분노라는 감정에 고장 난 가치관이 생긴다. "내가 화를 내면 치명적인 결과를 마주할 거야"라며 억지로 모든 분노의 감정을 회피하려는 것이다.

고장 난 가치관은 성인이 되어 다른 사람과 가까워질 때 "그 사람과 내가 서로 분노와 불만을 표현하는 것은 우리의 친밀한 관계가 깨진다는 뜻이야", "불만을 표시하는 건 사이를 유지하는 데 좋지 않아. 그러니 나는 무슨 일이 있어도 상대방이 저지른 모든 일을 너그럽게 받아들여야 해"라는 생각을 마음속에 심고, 증오형 유형으로 밀어 넣는다.

　모든 불만을 억지로 삼켜야 하는 관계에서는 안정감과 친밀함을 유지하는 것이 불가능하다. 만약 증오형 유형의 문제를 조금이라도 완화할 수 있기를 바란다면 상대에게 관심 어린 말을 자주 건네고 그 사람이 이해받고 있다고 느끼게 만들어야 한다.

어디에도
잘못된 감정은
없다

증오형 유형인 사람들은 부모님이 일찍부터 인생의 각본을 써 놓은 것처럼 느낀다. 해야 할 일은 하면 되고 하지 말아야 할 일은 안 하면 된다는 식의 각본 말이다.

가족들은 그들이 자신의 바람대로 잘 따르는지 아닌지에만 관심이 있다. 기분을 물어보고 뜻을 신경 쓰며 취향에 관심을 가지는 사람은 아무도 없다.

그렇게 오랜 시간이 지나면 그것이 자연스러운 상태라고 믿는다. 속으로 '그런 추상적인 느낌과 쓸데없는 감정들은 신경 쓰지 마. 그 사람들이 사는 대로 나도 그렇게 살면 되는 거겠지. 살아 있으면 그걸로 된 거 아니야?'라고 생각하며 말이다.

우리는 다양한 감정을
가질 수 있다

혹시 느껴지는가? 우리에게는 다양한 감정이 존재한다는 사실을 말이다. 어쩌면 자라면서 가족들이 소홀히 했을 수는 있다. 그러나 그것이 우리에게 어떠한 감정도 없다는 뜻은 결코 아니다.

증오형 유형의 사람도 슬픔, 분노, 불안, 실망을 느낄 수 있다. 불행하게도 성장 환경에서 감정이라는 렌즈가 빠지는 바람에 자신의 기분을 알아차리지 못하고 그냥 지나친 것이다. 그런 무시 때문에 모든 부정적인 감정은 무겁고 두터운 아쉬움으로 굳어져 마음속 깊이 새겨진다.

누구에게나 감정이 있고, 감정을 가질 수 있다. 이 유형들도 감정을 느낄 줄 알아야 한다. 그러나 아주 오래전에 이들의 감정에는 아래와 같은 수많은 낙인이 찍혔다.

• 성질을 왜 부려? 세상에 무슨 이런 고집불통인 애가 다 있지?
• 뭘 잘했다고 울어? 뚝 안 그쳐?

관계가 상처가 되기 전에

• 착한 아이는 그렇게 건방떨면 안 돼!

사랑받는 착한 아이가 되고 싶었고 칭찬받는 좋은 아이가 될 수 있기를 바랐다. 그러나 불행하게도 아무 감정이 없는 아이가 된 것이다.

증오형 유형은 감정이 밖으로 표현되어야 한다는 사실을 잊은 지 오래다. 내면에는 많은 목소리가 있다. 그러나 성장 과정에서 마음의 소리를 조용하게 잠재우는 방법만 배우고 그 마음의 소리가 다른 사람의 귀에 들리고 드러날 수 있다는 사실은 간과한다.

마음의 소리를 전할 기회가 턱없이 부족했기 때문에 남에게 감정을 알리는 일에도 의구심이 가득하다. 자신의 감정을 느끼려고 시도하면 이미 아래와 같은 부정적인 생각이 먼저 자리를 차지한다.

• 다른 사람에게 내 연약함을 들키면 안 돼.
• 내 부정적인 감정이 그 사람을 곤란하게 만들 게 분명해.
• 내 기분을 말한다고 해서 들어 줄 사람이 있을까?

잘못된 것은
우리 감정이 아니다

이런 생각을 한다는 것 자체가 얼마나 안타까운 일인가? 그 누구도 자기 마음에 완전히 닿을 수 없다고 확신하는 사람에게 어떻게 안정감과 평온함을 기대할 수 있겠는가?

성인이 된 후에는 그동안 두려워서 꼭꼭 숨긴 감정들을 더 이상 감출 필요가 없다. 중오형 유형의 사람도 스스로를 알고 자신의 감정을 느끼며 그 감정을 만족시킬 자격이 충분하다.

만약 주변에 믿을 만한 사람이 나타났다면 더 이상 그를 거부하지 않으면 좋겠다. 이 역시 믿기 힘들 수 있겠지만, 과거에는 거부당했던 감정이 이제는 다른 사람에게 받아들여지고 이해받을 수도 있기 때문이다.

안타깝게도 이 유형들의 부모는 그들의 감정을 받아들이지 못했다. 그러나 이제는 감정을 기꺼이 인정하고 있는 그대로 포용해줄 사람을 스스로 찾을 수 있다. 잘못된 것은 우리 감정이 아니다. 마음속에서 매번 감정을 억지로 옭아맨 그 매듭이 잘못된 것이다.

분노와 같은 부정적인 감정을 향한 거부감을 내려놓을 수 있

을 때 우리는 비로소 증오형 관계 유형과 멀어지는 길로 한발
더 나아갈 수 있다.

왜 화를 참아도,
참지 않아도
찜찜한 걸까?

심리 치료를 공부하던 시기에 '대우치수 大禹治水 (대홍수가 나서 황허가 범람하자 대우가 제방을 쌓아서 홍수를 막으려다 실패한 아버지의 실패를 교훈 삼아 물이 흐르게 하는 방법으로 치수에 성공했다는 고대 한족 신화)'는 감정 관리 Emotion Management 를 지도하면서 자주 들던 비유다. 홍수를 예방할 때 물길을 여는 방식을 써야 하는 것처럼, 감정 관리도 미련하게 계속 제방만 쌓아서 막으려고 하면 안 된다.

관계가 상처가 되기 전에

풍선에 바람을 끊임없이 넣으면 어떻게 될까?

내가 내담자들과 상담하며 자주 이야기하는 것은 '풍선에 바람을 넣는다'는 개념이다. 모든 사람의 마음에는 분노의 풍선이 있다. 생활하면서 우리가 불만을 느끼는 크고 작은 일이 발생기면 공기가 주입되며 풍선이 점점 부풀어 오른다. 그러면 적당한 기회를 봐서 바람을 빼내어 풍선이 지나치게 부풀어 오르지 않도록 해야 한다.

만약 우리의 '분노 풍선'이 최대로 부풀었을 때 용량이 5리터인데 우리가 억눌려 있던 분노를 5리터 이하로 통제해야 한다는 걸 모르는 상태라고 하자. 일단 5.01리터가 되면 단지 0.01리터 차이에 불과하더라도 낙타를 압사시킨 마지막 지푸라기 하나(영어 속담 'It is the last straw that breaks the camel's back' 인용)가 되어 우리는 그 자리에서 폭발하게 될 것이다. 또한 압축된 모든 공기는 순간적으로 터져 나올 것이다.

분노 풍선이 터지는 개념을 사용하면 증오형 관계 유형이 왜 나타나고 왜 그렇게 복잡한지 이해하기 쉽다. 사실 우리는 사랑하는 사람을 위해 화가 없는 사람이 되려고 노력한다. 우리는 평소 상대방의 나쁜 습관에 영향을 받거나 상대방의 가치관과 부딪히는 걸 느낄 때 인내하고 수용하는 경향이 있다.

하지만 우리는 인내와 수용이라고 생각한 것이 억압과 회피에 불과했다는 사실을 제대로 인식하지 못한다. 아무렇지 않다는 걸 상대방이 느끼게 하려고 인내하고 수용했지만 우리 마음에는 어느 정도 감정이 남아 있다.

이런 불만이 계속 쌓이고 쌓여 우리도 예상하지 못한 어느 순간이 되면 정말로 참을 수 없게 된다. 마음속에 오랫동안 쌓아온 분노를 단숨에 쏟아붓는 것이다.

분노가 폭발하는 순간의 정서적 긴장감은 이루 말할 수 없을 정도다. 가끔은 상대방이 생명의 위협을 느낄 정도로 감정이 격해서 본인 스스로든 친밀한 관계에 있는 상대방이든 나중에 그때를 떠올렸을 때 마음이 상당히 불편해진다.

격앙된 감정이 가라앉으면 증오형 관계 유형은 크게 부딪히고 나서 찾아오는 '죄책감' 때문에 또다시 같은 패턴을 반복할 가능성이 높다.

분노 후에 오는 죄책감이 더욱 큰 분노를 만든다

충돌 이후 원래 분노를 강하게 거부하던 사람은 양심의 가책을 느낀다. 어쩌면 우리는 그런 양심의 가책과 죄책감이 증오형 관계 유형을 완화해서 변화의 계기를 마련해 줘야 한다고 착각하는지도 모른다.

하지만 그 죄책감은 오히려 다음 번 분노 폭발의 원인이 될 가능성이 크다. 왜냐하면 죄책감으로 인해 우리는 상대방을 위해 더 인내하고 받아들여야 한다는 생각이 들기 때문이다.

죄책감은 분노 풍선에 있던 공기가 들어가기만 하고 나오지 못하게 해서 풍선을 더욱 단단하게 만든다. 그렇기 때문에 친밀한 관계인 상대방에게 불만을 표현하기가 더 어려운 것이다. 머릿속에 떠오르는 구체적인 생각은 다음과 같을 것이다.

- 그런 식으로 그 사람을 공격하면 안 됐어. 앞으로는 사죄하는 마음으로 무조건 더 잘하고 넓은 마음으로 감싸야지.
- 난 왜 이렇게 통제가 안 될까. 난 정말 구제불능이야. 왜 참지 못하지? 더 노력하고 인내해야 돼.

이런 식으로 증오형 관계 유형을 하는 관계를 개선하고 싶다면 스스로 친밀한 관계에서 '화를 잘 내는 법'을 배울 수 있도록 몇 가지 측면에서 시도해 볼 필요가 있다.

타인에게
건강하게 화내는
4가지 방법

분노가 폭발하는 것은 누구에게나 무섭다. 그러나 분노는 갑작스럽게 일어나는 감정이 아니라 몇 주 혹은 몇 개월에 걸쳐 쌓인 후에 일어난다. 그렇게 분노가 쌓이는 중간중간 분노 풍선의 공기를 적당히 빼내 억눌린 분노를 방출할 의지만 있다면 폭발을 효과적으로 막을 수 있다.

증오형 관계 유형에 속한 내담자와 이 작업을 실제로 논의할 때 흔히 나타나는 문제가 있다. 일부 내담자는 평소 생활하면서 친밀한 관계인 상대에게 지속적으로 자신의 감정을 표현했지만 무언가가 해소된 느낌이 들지 않았고, 오히려 더 심각하게 분노를 폭발하는 상황을 맞이했다고 밝혔다.

"저는 제 분노를 자주 표출했어요. 그 사람에게 불만을 느끼는 부분을 얘기하고, 평소에도 이런저런 잔소리를 계속해요."

여기에서 우리는 "자신의 불만을 표현한다"는 것이 제대로 '바람을 빼는 작업'인 건지 아니면 '공기가 나가는 동시에 들어오는' 곤경에 빠져 화를 가라앉히기는커녕 계속 문제를 키운 것은 아닌지 냉정하게 따져 봐야 한다. 이런 내담자와 상담할 때는 상황을 확실하게 파악하는 편인데, 일반적으로 다음과 같은 대화가 이어진다.

"만약 본인이 자주 화를 낸다고 생각한다면 화를 냈을 때 상대방은 보통 어떤 식으로 반응하는지 궁금하네요."
"그 사람은 평온 그 자체예요. 제가 무슨 말을 하든 대꾸도 없고 신경도 안 써요. 저 혼자 북 치고 장구 치고 다 해요."
"상대방이 무관심한 태도를 보이면 어떤 느낌이 드나요?"
"화가 더 치밀어 오르죠."

이 대화를 통해 우리는 "분노를 표출했다"고 하는 것이 왜 바람을 빼내는 작업이 아니라 상대방의 무관심한 표정과 모습으로 인해 더 많은 공기를 주입하는 일이 됐는지 확실하게 알 수 있다.

공기가 나가는 동시에 들어오는 상황을 피하려면 분노 풍선이 터지기 전에 제대로 준비해서 자신을 보호할 방법을 고민해야 한다.

분노를 다스리는
자신만의 방법을 마련하라

감정의 본질이라는 관점에서 볼 때 남에게 화내는 것은 그 사람이 해야 할 일을 하라고 하거나 그 사람이 하면 안 되는 일을 하지 말라고 요구하는 것이다. 어떤 일을 해 줬으면 하고 바라는 대상이 지금 우리 감정을 제대로 처리하지 못하면 사실상 요구는 충족되기 어렵고 우리 감정도 해소되지 못해 전보다 더 고통스러워진다.

따라서 증오형 관계 유형으로 어려움을 겪는다면 스스로를 보호하는 특별 방안을 마련해야 한다. 이를 통해 자신의 분노 풍선이 터지기 전후로 관리를 잘하고 친밀한 관계인 상대방의 무심함이나 무기력함이 우리 감정의 균형을 깨트리지 않게 하는 것이다.

관계가 상처가 되기 전에

내담자와 논의한 수많은 내용을 종합해 보면 분노 풍선이 터지기 전에 적절히 바람을 빼는 작업을 해 주면 좋다. 효과적인 선택지로 다음의 네 가지 방법을 참고할 수 있다.

1. 잠깐 한눈을 팔아라

한눈을 팔면 잠시 분노의 감정에서 빠져나올 수 있다. 화가 나는 일을 계속 생각하다가 점점 화가 치밀어 스스로를 괴롭게 하는 상황을 피할 수 있는 것이다.

한눈팔기 방법으로 흔한 것은 운동, 요가, 명상, 음악 감상, 게임 등이다. 이 구체적인 방안 중에 편하게 시도해 볼만한 게 없다면 눈을 감고 1부터 10까지 세거나 의식적으로 20초 동안 심호흡을 해 보자. 분노를 가라앉히는 데 효과적이다.

2. 화나는 감정을 공유하라

화나는 일을 누군가에게 이야기하면 분노 풍선의 바람을 빼는 데 도움이 된다. 내가 믿는 친한 친구에게 털어 놔도 좋고 전문 심리 상담사를 찾아가 도움을 구해도 좋다. 아니면 나만의 '분노 일기'를 써서 분노를 해소하며 분노 풍선의 바람을 빼는 목적을 달성할 수도 있다.

분노 풍선이 터진 뒤, 즉 '마지막 지푸라기 하나'가 더해진 뒤 '이성이 끈이 끊어진' 그 순간을 우리가 어떻게 마주해야 할지 말하기란 쉽지 않다. 왜냐하면 문제를 미리 생각해 봤다고 해서 실제로 붕괴를 피할 수 있는 사람은 거의 없기 때문이다. 분노 풍선이 터진 후에도 마음이 평온하길 바란다는 건 급성위장염에 걸린 환자가 아픔을 느끼지 않기를 바라는 것처럼 불가능한 일이다.

3. 분노의 현장을
바로 떠나라

만약 가능하다면 감정이 고조된 순간에 앞에서 언급한 것처럼 한눈을 팔거나 다른 사람과 고민을 공유할 수 있는 모든 수단을 시도할 수는 있을 것이다. 정 힘들다면 한 가지 중요한 원칙이라도 지키면 된다. 바로 '충돌 현장과 충돌 대상에서 멀리 떠나라'는 것이다.

친밀한 관계인 상대가 분노를 표출하면 우리는 그 즉시 상대방을 눈앞에 앉혀 놓고 그동안 마음속에 꾹꾹 눌러 왔던 모든 고통과 분노를 한꺼번에 쏟아 내고 싶은 심정일 것이다.

이러한 방법은 갈등 해소에 도움이 되지 않고 객관적으로 더 위험한 상태가 된다. 싸우다가 정신적으로 무너져서 약을 먹는다든지, 너무 화가 난 나머지 들고 있던 흉기로 공격해서 서로에게 심각한 부상을 입힌다든지 하는 것이다.

분노 풍선이 터지는 순간에 도저히 음악이나 운동 같은 한눈 팔기 수단으로 감정을 가라앉힐 수 없다면, 최소한 자신의 감정이 폭발할 때 충돌 현장과 충돌 대상에서 어떻게 벗어날지 진지하게 계획해야 한다. 구체적으로 말해 보자면 일단 얼굴을 맞댄 상태에서 부딪히지 않도록 전화로 싸운다거나 위험한 물건에 손대지 않게 잠시 혼자 방에 들어가서 소리를 지르는 방법 등이 있다.

4. 죄책감의 대상을 제대로 찾자

앞에서 언급한 것처럼 증오형 관계 유형을 하면서 폭발했던 감정이 가라앉은 후 생기는 '죄책감'은 이런 양상이 미래에도 지속될 것인지 말 것인지에 중요한 영향을 끼친다. 여기에서 핵심은 우리가 죄책감을 느낀 뒤 보상하려는 대상이 배우자나 우리 자신이라는 점이다.

"그런 식으로 그 사람을 공격하면 안 되는 거였어. 앞으로는 사죄하는 마음으로 무조건 더 잘하고 넓은 마음으로 감싸 줘야지"라는 생각은 우리가 상대방에게 보상하려고 하지만 정작 제대로 대우받아야 할 대상이 지난날에 상처 입은 '나'라는 사실을 간과하고 있음을 보여 준다.

"그 사람한테 더 잘하고 감싸 줘야 해"라는 생각은 잠깐의 평온함을 가져다 줄 뿐이지 다음 번 폭풍우를 피하는 데는 도움이 되지 않는다. 왜냐하면 우리는 계속 불편한 감정을 쌓으면서 저도 모르는 사이에 다음 번 분노를 폭발시킬 에너지를 축적하고 있기 때문이다.

우리가 진짜 해야 할 일은 죄책감의 대상을 제대로 찾아 지금의 내가 상처 받은 과거의 나에게 성심성의껏 보상하는 것이다. 더불어 무의식중에 내가 너무 많이 참은 건 아닌지, 내게도 성질이 있다는 걸 잊은 건 아닌지 항상 자기 자신에게 관심을 가져야 한다.

CHAPTER 5

나는 왜
다른 사람을
믿지 못할까?

관계 속 신뢰를 쌓는 법

아무리 강인한 사람도 마음을 들여다보면 치유하지 못한 상처가 있다.
이 상처는 어른이 되고 시간이 흐른다고 해서
자동으로 치유되지 않는다.
그러나 용기를 내서 주변 사람들에게 약점을 보이고 위로받는다면,
자신의 내면과 소중한 관계를 더 단단하게 만들 수 있다.

신뢰를
주지 못하는
당신은 유죄다!

우리 옆의 그 사람은 과연 신뢰할 만한 사람일까? 대답하기 어려운 질문이다. 이 세상에서 온전히 신뢰할 수 있는 사람을 찾는 건 정말 힘든 일이다. 가장 곁에 두고 싶은 사람이 가장 신뢰하는 사람이 되는 일은 더욱 어려운 것 같다.

누군가와 친밀하고 가까운 사이가 되기 위해선 둘만의 세계를 다시 만들어야 한다. 자기가 원하는 대로 살던 두 사람이 서로 한 마음이 되어야 하는 것이다. 그래서 상대방이 무슨 생각을 하는지 전부 알길 원하고, 자신의 감정 변화를 상대가 잘 따라와 주길 바란다.

우리는 상대가 자신의 곁에 있을 때 안심하고 관계를 잘 유지한다. 수시로 그 사람의 표정을 관찰하고 그 사람의 행동에 반응하면서 그 관계가 통제 범위 안에 있다고 느낀다.

그러나 이 세상에는 두 사람의 완전무결한 세계를 위협하는 외부 세력이 너무나도 많다. 배우자를 예로 들어 보자. 그 사람을 직접 보고 만질 수 없을 때 그의 마음이 여전히 내 것이라고 어떻게 확신할 수 있을까? 배우자가 다른 사람과 같이 있다면, 미래에 그 사람과 바람피우지 않는다는 보장이 어디 있는가?

서로를 향한 신뢰가 꾸준히 쌓이려면 이런 변수를 통제하기 위해 노력해야 한다. 만약 내가 상대방의 옆에 없는 것이 문제가 된다면 가장 쉬운 해결책은 무엇일까? 아마도 껌딱지처럼 그 사람 옆에 딱 붙어서 무엇이든 함께하는 방법이 떠오를 것이다. 다른 사람과 같이 있는 것이 잠재적인 위기가 될 수 있다면 다른 사람과 더 이상 어울리지 말고 둘만 계속 같이 지내면 된다며 말이다.

• 우리 사이가 얼마나 친밀한지는 잘 모르겠지만 적어도 틈은 없다고 믿게 해 줘.

관계가 상처가 되기 전에

늘 함께 있다고
관계가 깊어지진 않는다

틈이 없는 관계가 진정으로 가까운 사이가 맞을까? 열심히 신뢰감을 쌓았는데 그 사람은 숨이 막힌다고 말한다. 숨이 막힌다는 그 사람은 안정감을 향한 당신의 갈증을 눈치채지 못한 것 같다.

"전 그 사람한테서 도저히 안정감을 얻을 수 없어요. 전 그 사람이 제게 충분한 믿음을 주면 좋겠어요. 우리가 안정적인 관계를 유지할 수 있는지 알고 싶고요. 그 사람이 절 버리지 않는다는 확신이 필요해요. 그런데 그 사람은 협조하려는 마음이 없어요. 전 그저 그 사람 휴대전화 대화 내용을 확인하고 싶었을 뿐인데 본인의 자유를 침범한다는 오해를 받았어요. 전 그저 그 사람이 어디에서 누구와 무엇을 하는지 알고 싶었을 뿐인데 성가신 감시카메라 취급을 받았고요. 전 그저 그 사람이 제게 약속해 주길 바란 것뿐인데 무리한 요구라며 거절당했죠. 그 사람의 그런 태도가 하루하루 제가 느끼는 불안감을 가중시켜요. 정말이지 너무 지쳐요. 저 혼자만 필사적으로 이 관계를 유지하려고 하지 그 사람은 신경도 안 써요. 제가 이 친밀한 관계를 완전히 장악하지 못하면 결국엔 그 사람에게 배신당하지 않을까요?"

그러나 상대방은 당신과 전혀 다른 생각을 하고 있었다.

"제가 어떻게 증명하든 그 사람의 마음은 항상 저를 향한 의심으로 가득하고 저를 믿지 못해요. 그 사람과 함께하기 위해서는 제가 온전한 저로 있으면 안 되고 그 사람을 위로하는 사람이 될 수밖에 없는 것 같아요. 나답게 살려고 할 때 저는 그 사람과의 관계에 몰입하지 않는 트러블메이커가 돼버려요. 연인 이외의 다른 관계를 좀 챙기려고 하면 전 사랑을 망가뜨리는 죄인이 되죠. 그 사람은 제가 그 사람의 감정을 신경 쓰지 않는다고 말하는데 저도 묻고 싶어요. 나 자신을 잃은 것처럼 사사건건 통제받는 제 기분을 생각해 본 적 있느냐고요."

신뢰를 끊임없이 요구하는 관계에서는 모순적으로 신뢰감이 전보다 더 일그러진다. 이 세상에 너 하나만 있으면 된다던 한때의 뜨거운 약속은 어느새 신뢰감을 판단하는 근거가 되어 버렸다.

친밀한 관계에서 서로가 생각하는 신뢰감에 교집합이 없는 것, 이것이 바로 무신뢰형 관계 유형의 표본이다.

"밑 빠진 독에
물을 채우는
느낌이에요"

심리 전문가의 도움을 구하러 온 내담자 중 상당수가 다른 사람의 잘못을 토로하기 위해 상담의 여정을 시작한다. 지금부터 이어지는 대화의 내담자도 그러한 사람 중 한 명이었다.

대화를 시작하자마자 내담자의 표정과 말투에서 진한 무력감과 누군가를 원망하는 기색이 드러났다. 첫 상담 시간은 내담자가 친밀한 관계에서 구체적으로 어떤 사건들을 겪었는지 알아보는 데 집중하기로 했다.

"전 제 배우자 문제와 관련해 상담하고 싶은데요. 사실 그 사람이 직접 상담받게 예약하고 싶었어요. 솔직히 제게 문제가 있는 건 아니라서요. 그런데 그 사람이 제 뜻을 따라 주지도 않고 본인에게 문제가 있다는 걸 인정하지도 않아요. 계속 이렇게 지내다가는 제가 너무 괴로울 것 같아요. 그 사람이 왜 그토록 우리 관계에 몰입하지 못하는지 이유를 모르겠어요. 그 사람이 계속 절 배신하고 있다는 걸 보여 주는 증거들이 한두 개가 아니에요. 그런데 제가 그 얘기를 꺼내기만 하면 그 사람은 무관심한 태도로 어떠한 긍정적인 답변도 주지 않아요."

"방금 말씀하신 걸 들어 보니 배우자 분 때문에 상당한 불편함을 느끼신 것 같군요. 혹시 그런 괴로웠던 감정과 관련해서 어떤 일이 있었는지 알 수 있을까요?"

그 사람은
정말로 당신을 배신한 걸까?

15분 동안 내담자는 자신이 배신당했다는 걸 확신했던 사건을 이야기했다.

"한번은 그 사람이랑 같이 옷을 사러 갔어요. 그 사람이 코트를 입는 걸 점원이 도와주는데 그 사람 태도가 어쩐지 좀 이상하더라고요. 그래서 일부러 그 사람이 계산하게 하고 저는 먼저 가는 척하면서 유리창 너머로 몰래 관찰했어요. 아니나 다를까 두 사람이 화기애애하게 대화를 나누더군요. 점원이 휴대폰까지 꺼냈는데 라인Line이나 페이스북에 그 사람을 친구로 추가하는 것 같았어요. 그 일이 있은 후로 확실히 우리 둘 사이에 보이지 않는 장벽이 생긴 느낌이었어요. 데이트할 때도 그 사람은 항상 마음이 딴 데 가 있었고요. 그 점원이랑 연락하는지 계속 휴대폰만 들여다보고 있더라고요. 우리가 사귄 지 얼마 되지 않았을 때 그 사람의 직업이 바뀌었어요. 일을 의뢰받아서 하는 거라 시간을 좀 더 탄력적으로 운용할 수 있게 됐죠. 어쩌다 미팅을 저녁에 잡을 때도 있었어요. 처음에는 아무 느낌이 없었는데 가끔씩 그 사람에게 미리 미팅 시간과 장소를 물어보고 싶은 생각이 들 때가 있었어요. 근데 왠지 모르게 그 사람이 자세히 설명하길 꺼리는 것 같더라고요. 그래서 제가 요구했죠. 고객을 만나러 외출해야 할 때는 적어도 미팅 시작 전에 3분 정도 저와 영상통화를 했으면 좋겠다고요. 그 사람이 어디에서 어떤 사람이랑 같이 있는지 알 수 있게요. 그런데 우리가 전화한 날과 그 사람의 업무 일정표를 대조해 보니 보통 미팅이 일주일에 네다섯 개가 잡혀 있는 걸 알게 됐어요. 저는 영상통화를 고작 두세 번 받은 게 전부거든요. 그 사람이 매주 두세 개 정도 자기 일정을 숨겼다는 얘기죠. 그것도 저한테 연락할 수 없는 일정 말이에요. 제가 어떻게 된 거냐고 물어보면 그 사람은 아무 일 없다는 표정으로 그냥 전화하는 걸 깜빡했다고 할 거예요. 사실 이런 말은 좀 그렇지만 저희가 잠자리를 한 횟수도 작년보다 월등히 줄었어요."

배우자가 확실하게 바람을 피운 사건이 있었는지 따로 언급하지는 않았지만 내담자가 드러낸 감정을 통해 확신이 들었다. 첫 상담에서는 일단 내담자가 감정을 표출할 수 있게 도와주는 것이 우선이고 객관적으로 어떤 일이 일어났는지 서둘러 정리할 필요는 없겠다고 판단했다.

상담 시간 동안 내담자는 본인이 배신당한 후에 느낀 분노와 증오를 곱씹어 보기도 하고 배우자가 자신을 그렇게까지 불안하게 만들어서는 안 된다며 울부짖기도 했다.

안정감 결핍이
왜 잘못이라는 걸까?

그 후로 이어진 두 차례 대화에서 내담자는 다음과 같은 고민을 털어놓았다.

"사실 저도 마음속으로는 긴가민가해요. 그 사람이 저를 배신할 수도 있겠다는 생각이 들 때마다 바람피운다는 느낌이 더

강하게 들고요. 그런데 제 기분을 그 사람에게 얘기하면 자기는 아무 짓도 안 했다는 듯이 멀쩡한 모습인 거예요. 그런 태도를 보면 정말 기가 막히고 제가 괜한 걱정을 한 것처럼 느껴져요. 저도 일단 따지지 않고 잠자코 있게 되고요. 제 주변 친구들의 반응은 극과 극이에요. 제가 배신당한 것 같다고 하면 어떤 친구는 그런 관계라면 즉시 끊어 버려야 한다고 말해요. 또 어떤 친구는 제가 너무 사소한 일에 매달리는 것 같다고 말해요. 제가 있지도 않은 일을 확신하고 있는 걸지도 모른다면서요. 그런 말을 들으면 저는 또 그 사람을 너그럽게 받아 줘요. 가끔 저 스스로도 너무 혼란스러워요. 이랬다저랬다 정신을 못 차리고 있어요. 저도 대체 어떻게 된 일인지 확실하게 알 길이 없어요."

"제가 지금부터 요구하는 것이 조금은 불편할 수도 있어요. 그래도 해 볼 의향이 있다면 이렇게 한번 상상해 보시겠어요? 실제로 배우자 분 휴대폰에서 제삼자와 나눈 친근한 대화를 발견했고 배우자 분이 외도를 인정했다고 가정해 볼게요. 이런 상황이라면 기분이 어떨 것 같으세요?"

"당연히 마음이 와르르 무너지겠죠. 화도 나고 절망스러울 거예요. 견딜 수 없을 것 같아요."

"견딜 수 없을 것 같다는 표현이 마치 그동안 믿었던 것이 철저하게 무너진다는 얘기처럼 들리는데, 혹시 그게 구체적으로 어떤 감정인지 감이 오시나요?"

"아마 그 사람에게 완전히 실망했다는 불신감 같은 거겠죠. '내가 당신을 믿어 보려고 그렇게까지 노력했는데 당신은 그만큼 신뢰할 만한 사람이 아니었구나'라는 생각에 서러울 것 같아요."

"말씀하신 신뢰감과 불신감이 내면을 쉽게 뒤흔드는 주제 같군요. 유년 시절에 누군가를 신뢰했다가 크게 실망한 경험이 있는지 궁금한데요?"

내담자가 오도 가도 못하는 이 상황에서 벗어나도록 약간의 상상을 유도했다. 이후 이어진 대화에서 우리는 내담자가 성장하며 신뢰와 관련해 어떤 문제를 겪었는지 탐색했다.

믿음직한 부모가 아이에게 중요한 이유

부모를 향한 모든 믿음이 무너진 채로 자란 아이가 커서 누군가를 믿을 수 있을까? 아마 기적이 일어날 때만 가능할 것이다. 앞의 내담자 또한 과거 부모님과의 기억에서 사람에게 신뢰를 잃은 이유가 쏟아지기 시작했다.

"아버지는 젊었을 때 작은 회사 사장님이었는데 한동안 돈을 많이 벌었어요. 어머니도 외할아버지한테 받은 유산이 적지 않아서 제가 어렸을 때는 집이 꽤 잘 사는 편이었죠. 그런데 아버지는 날 때부터 허황된 꿈을 꾸며 놀고먹기 좋아하는 한량

체질이었던 거 같아요. 제가 초등학교를 다닐 때쯤 아버지가 투자에 빠졌는지 아니면 아예 도박을 했던 건지 모르겠지만 집안 분위기가 예전과 사뭇 달랐어요. 부모님은 돈 때문에 자주 다퉜고 싸운 후에 아버지는 어머니와 저희를 남겨 두고 한동안 자취를 감췄어요. 전 어렸을 때부터 아버지가 싫었어요. 성격이 못난 탓인지 저는 어렸을 때 항상 뚱한 표정이었어요. 아버지는 그런 제 표정을 보고 저 때문에 본인이 빨리 늙는 것 같다며 화를 냈죠. 제가 무슨 말을 해도 아버지는 기분이 안 좋았고 가끔 매를 맞기도 했어요. 아버지가 투자에 빠진 후로 저희 집에선 자주 꼴사나운 모노드라마가 펼쳐졌죠. 저쪽에서 아버지가 '이번에 진짜 인생 역전하는 거야', '두고 봐, 이번에 잘 되면 인생 대박 난다'라며 혼잣말을 해요. 저도 처음 한두 번은 들으면서 아버지가 정말 대단한 일을 하려나 보다 싶었어요. 근데 같은 얘기를 계속 듣다 보니 속이 울렁거렸어요. 그때 어리긴 했지만, 아버지가 집안을 다 말아먹는 형편없는 인간인 건 알겠더라고요. 아버지에 대한 제 믿음은 열 살 즈음에 이미 깡그리 무너졌어요."

"확실히 아버지가 믿음을 주기 힘든 상태였다는 생각이 드는군요. 그럼 당시에 어머니는 신뢰할 만한 분이셨나요?"

"아버지가 어머니와 다퉈서 수시로 집을 나가기 시작한 후로 어머니도 우울증이 심해져서 밥도 잘 안 하게 됐죠. 고모가 가끔 시간 나면 우리 먹으라고 도시락을 갖다 줄 때도 있었지만 대부분 집에서 삼시 세끼를 못 챙겨 먹을 때가 많았어요. 아버지가 집에 없을 때 어머니는 항상 우울한 상태였고 하루 종일 저희 형제들에게 아버지를 향한 불만을 쏟아 냈어요. '내가 너희 아빠한테 그렇게 잘해 주면 뭐 하니? 아무 소용도 없는데', '그 사람을 위해서 그 오랜 세월을 다 갖다 바쳤는데 내가 지금 얻은 게 뭐가 있어? 아무것도 없잖아!', '너희 아빠가 예전에 나한테 잘한다고 했던 거 너희도 알지. 근데 지금은? 내 신세가 어쩌다 이렇게 됐을까!' 부모님이 심하게 부딪혔을 때는 어머니도 행패를 부리며 무서운 일을 자행했죠. 어디로 갈지 행선지도 모르면서 울며 짐을 챙길 때도 있었고요. 과도를 들고 아버지 예금 통장을 찾거나, 아버지에게 전화해서 집에 와서 시신이나 수습하라며 협박할 때도 있었죠. 어머니가 정신 나간 사람처럼 행동할 때는 귀신 들린 사람처럼 상스러운 말도 마구 내뱉고 위험한 일도 서슴지 않았어요."

"얘기를 들어 보니까 어렸을 때 집안 문제로 인해 아버지를 잃었다는 기분만 든 게 아니라 나를 보살펴 줄 수 있는 멀쩡한 엄마까지 잃은 것 같은데요?"

"어쩌면… 전 다른 친구들처럼 집에 삼시 세끼가 차려져 있기를 원했는지 몰라요. 그 당시에는 매일 집에 가기 전에 바보처럼 헛된 꿈을 꾸곤 했어요. 어머니가 예전처럼 밥을 차려 놓고 날 기다리고 있진 않을까, 저녁에 어머니와 식탁에 앉아 오늘 학교에서 무슨 일이 있었는지 이야기할 수도 있을 거라고 상상하면서요. 만약 집에 가기 전에 그런 꿈이라도 꾸지 않으면 문을 열 힘이 없을 정도로 고통스러웠어요. 어머니가 폐인이 돼서 죽고 싶어 하는 모습을 보면 저도 죽을 것만 같은 심정이었고요."

내담자가 과거에 자신의 가족과 겪은 경험이 우리 사회에서 볼 수 있는 가장 최악이라 말하기는 힘들다. 그러나 누구라도 이런 속앓이를 듣고 흐르는 눈물을 본다면 내담자의 차가운 절망을 분명히 느낄 수 있을 것이다.

어려운 상황이 닥치면
관계가 끝날 것이라는 불안

그 후로 이어진 몇 차례 상담에서 내담자는 계속 부모에게 품었던 불만을 표현했다. 그 불만이 본인에게 어떤 의미가 있는지 자세히 들었고, '배신당했다'는 고통이 느껴졌다.

"전 제 부모님이 너무 가여워요. 한 분은 얻을 수 없는 돈에, 다른 한 분은 얻을 수 없는 남자에 정신이 팔렸으니까요. 예전에 두 분이 해야 했던 일은 신경도 안 쓰고 관심도 없죠. 제가 초등학생 때 이미 부모님은 당신들 인생 앞에 무릎 꿇은 거나 마찬가지라고 생각해요. 평생 부정적인 에너지를 안고 살아가는 거죠. 본인들이 져야 할 책임과 의무를 전부 내팽개칠 수밖에 없는 거예요. 제 나이가 벌써 서른인데 부모님은 지금도 변한 거 하나 없이 온종일 남 탓만 해요. 남들이 자신한테 잘못하고 있다고 여기면서요. 영문을 알 수 없는 자기만의 세계에 빠져서 본인 역할이 뭔지 생각하지도 않고 주변 사람이 어떻게 되는지도 안중에 없어요."

"방금 전에 부모님이 해야 할 일을 안 했다고 몇 번이나 말씀하셨는데요. 혹시 20여 년 전 아이였던 그 시절로 돌아가서 본인이 기대한 '부모님이 해야 하는 일'이 어떤 것이었는지 떠올려보실 수 있나요?"

"사실 제가 부모님한테 기대한 건 유치한 것들이었어요. 지금 생각해 보면 어렸을 때는 아버지가 했던 허튼소리들을 확실히 믿었던 것 같아요. '이번에는 투자 상황이 좋아서 떼돈 벌어 우리 식구 해외여행을 시켜 주겠다'라며 아버지가 잔뜩 흥분해서 말할 때는 뭔지 모르지만 저도 괜히 마음이 들떴어요. 그런데 결과적으로 남은 건 아무것도 없었죠. 아버지는 얼굴 보기도 힘들었고요. 해외여행을 시켜 준다던 아버지의 말은 대체 뭐였을까요? 어렸을 때 어머니는 저에게 귀염둥이라며 절 사랑한다고,

저한테 최고로 잘할 거라고 말했어요. 하지만 어머니가 우울한 감정에 빠진 후로는 제가 어머니에게 아무것도 아니었다는 사실을 알게 됐죠."

믿음직한 부모가 되어야 하는 이유

내담자가 느낀 감정에 대해 듣고 그가 마음속으로 부모에게 바랐던 요구사항을 정리해 보았다.

"본인이 생각하기에 조금 바보 같기는 하지만 그래도 부모님이 스스로 했던 말을 기억하고 본인을 보살피겠다던 약속을 지키길 원한 거군요."

"맞아요. 하지만 그러지 않았죠. 그냥 말뿐이었던 거예요. 일단 어떤 문제에 봉착하면 부모님한테는 저란 존재는 하나도 중요하지 않았던 거겠죠?"

만약 가족과 겪은 경험이 인생에 특정한 생각을 심을 수 있다면, 이 내담자의 부모는 그에게 '앞으로 너는 인생에서 네가 신뢰할 만한 사람을 만날 수 없어'라는 생각을 각인시킨 것과 마찬가지다.

성장 과정에서 내담자와 같은 경험을 하면 부모와 사이가 멀어지기 쉽다. 어릴 때 부모에게 사랑받는다고 느끼지 못하고 그 상태에 익숙해져 부모와의 관계에서 안정감을 느끼지 못하면, 장차 성인이 돼서 진심으로 자신을 사랑해 주는 사람을 만나도 그 사랑을 받아들이거나 신뢰하지 못할 가능성이 크다.

"널 못 믿는 게
아니라 상황을
못 믿는 거야"

어린 시절에 신뢰가 무너진 경험을 하며 느낀 감정은 무신뢰형 관계 유형의 기초가 되어 타인과의 관계에서 언제 배신당할지 모른다는 불안 속에 살게 만든다.

본능적으로 이렇게 생각하는 것이다. '내가 배우자를 완전히 통제하지 못하면 그 사람은 분명 나를 배신할 거야', '난 친밀한 관계에서 어떠한 결점도 용납할 수 없어. 그 결점이 그 사람에게 날 떠나는 이유가 될 수 있으니까', '난 내 친밀한 관계를 잘 감시하고 통제해야 해. 그렇지 않으면 결국 내가 먼저 그 사람에게 버려질 거야.'

성장 과정에서 이런 잘못된 가치관이 형성되면 가까운 사람들을 항상 감시하고 통제하려는 자신을 막을 수 없다. 끊임없이 전화해서 상대방의 일정을 체크하고 배우자의 행동 변화를 유심히 관찰하며 배우자의 개별 활동을 거부한다.

이런 행동이 적정 범위를 넘어서면 두 사람은 모두 무신뢰형 관계 유형에 갇혀 고통받는다. 한쪽은 영원히 진심으로 누구를 신뢰할 수 없고, 다른 한쪽은 영원히 악의적인 억측에 시달리는 느낌을 받는 것이다.

스스로에게
질문을 던져 보자

무신뢰형 유형인 사람이 관계에 한 번 의심을 가지면 상대방이 신뢰할 만한 사람인지 아닌지는 그에게 전혀 중요하지 않다. 이런 경우 상대방은 생각해 낼 수 있는 모든 방법을 동원해서 "나는 당신의 부모와 다르다"라는 점을 입증해야 한다.

객관적으로 같은 현실 세계에 살고 있기는 하지만 그렇다고 해서 각자 경험하는 주관적인 진실까지 같을 수는 없다. 배우자가 신뢰할 만한 사람인지 확인하고 싶어서 끊임없이 어떤 관문이나 테스트를 만들어 낼 때 다음과 같은 영원히 풀리지 않는 난제를 스스로에게 던질 수 있다. "나는 관계에서 안정감이라는 걸 경험해 본 적이 없는데 어떤 기준으로 안정감 테스트를 할 수 있을까?"

끝없는 불안에 지치는 사람들

무신뢰형 관계 유형에 속하는 사람은 긴장의 끈을 놓기 힘들었던 과거 때문에 항상 지치고 피곤하다. 그들은 한때 부모에게 많은 보살핌을 받았다고 여겼다. 어쩌면 걱정 없이 안정적으로 성장하게 해 주겠다는 약속을 했을지 모른다. 하지만 우리는 성장 과정에서 너무나 많은 불안을 겪었다.

안정적으로 지지해 줄 버팀목이 간절하고 평온함과 안전감이 필요하다. 하지만 우리가 처한 환경은 마치 성장의 바다에서 닻을 내릴 지점을 잃어버린 것 같았다.

수많은 불확실성 속에서 성장했기 때문에 초조함은 마치 일상이 되었다. 당연하게 보살핌을 받을 수 있기를 기대했지만, 우리가 지니온 길은 그 기대가 공허한 메아리에 불과하다는 걸 깨닫게 했다.

- 왜 그들은 마다하는 걸까? 왜 그들은 못하는 거지? 왜 그들은 할 수 없을까?

과거 우리의 심경 변화를 돌아보면 머릿속에 이런 물음이 자주 떠올랐을 것이다. 우리는 타인의 기분으로 인해 불안에 떨었고 타인의 행동 때문에 초조했다. 그래서인지 아름답지 않을 수도 있는 미래를 검사하는 데 현재 자신의 신경을 쏟지 않을 수 없게 된 것이다.

이런 걱정은 단순히 걱정에만 머무르지 않고 항상 분노를 동반한다. 표면적으로는 우리 마음에 초조함, 무기력함, 불안감, 긴장감의 색채가 드러난다. 그러나 가만히 자신의 감정을 느껴보면 타인을 향한 분노로 실망감을 느끼게 하는 가시가 만져질 것이다.

좀 더 깊은 감정을 두고서는 제대로 관심을 기울일 기회가 없는 것 같다. 긴 세월을 걱정하다 보면 그 실망의 가시가 마음에 수많은 상처를 남기는 것이다.

그 상처가 직접 말할 수 있다면 다음과 같이 속삭일 것이다.

- 난 보살핌을 받을 자격이 없는 사람이야.
- 진심으로 나를 사랑하고 내게 관심을 가지는 사람은 없을 거야.

이런 상처로 인해 우리 마음에서 끊임없이 피가 새어 나오는 것이다. 하지만 무신뢰형 관계 유형의 사람들은 아직 스스로에게 자신의 상처를 들여다볼 시간을 준 적이 없을 것이다. 미래와 관련된 문제를 쉽게 마음 놓을 수도 없고 자신에게 안정감을 줄 수 있는 사람도 찾지 못한 상황이라면 과연 우리에게 자신의 과거 상처를 돌볼 여력이 있을까?

마음에서 새어 나온 그 피가 서서히 굳어져 아픈 것도 모르고 상처도 잊은 것이다. 그렇게 우리는 '안정감 면역 시스템'을 풀가동해서 끝없는 감시 체제로 들어가 자신이 2차 피해를 입지 않도록 조심하는지 확인한다.

아픈 건 가셨지만 마치 저주받은 것처럼 계속해서 피곤함을 느낀다. 불안, 걱정, 긴장, 초조, 의심, 심지어 두려움이 결승선도 없이 질주하는 것이다.

관계가 상처가 되기 전에

어떻게 해야
의심에서 벗어날 수
있을까?

배신당했다는 생각이 들 때 단기적으로 느끼는 깊은 분노와 증오는 서서히 장기적인 실망감과 유감으로 변해 간다. 만약 인생 초반에 배신감을 경험하면 감정에만 영향을 주는 것이 아니라 자아와 자존감에까지 악영향을 끼칠 수 있다.

일반적으로 배신은 타인이 한 어떤 행동이 만든 문제이기 때문에 항상 "그 사람이 어떻게 날 이렇게 대할 수 있지?", "그 사람에게 대체 무슨 문제가 있는 걸까?", "그 사람 진짜 너무하네!"라는 생각이 고민의 핵심이다. 그런데 그 타인의 잘못이라는 생각이 자신의 자아 상태에 영향을 줄 수 있다는 사실을 쉽게 간과한다.

배신한 건 상대방이지만 무심코 "나는 어떤 사람이지?"라고 의심하기 시작하는 것이다. 아주 어리석은 행동이다. 그러나 한창 자아를 정립하는 시기에 누군가의 배신은 "내가 못나서 그 사람이 날 그런 식으로 대한 거야", "내가 부족하니까 그 사람이 날 신경 쓰려고 하지 않는 거야"라며 저도 모르게 자아비판을 하게 만든다.

유년 시절에 수없이 배신감을 경험한 사람은 스스로 "난 가치 없는 사람이야", "난 사랑받을 자격이 없어", "진심으로 나를 챙겨 줄 사람은 없어"라고 믿을 수밖에 없다. 이렇게 본다면 무신뢰형 관계 유형에서 나타나는 감시와 통제 행위가 어느 정도 납득이 간다. 불신으로 가득한 검사 행위 이면에는 다음과 같이 열등감에 찌든 목소리가 들리는 것 같다.

• 나에게는 그 사람이 사랑해 줄 만한 구석이 하나도 없어. 나도 내가 싫은걸. 자신에게 호감을 표시하는 누군가가 나타나기만 하면 그 사람은 틀림없이 날 버리고 그 누군가를 선택할 거야. 이런 상황에서 내가 방어하는 데 온 정성을 쏟지 않을 수 있겠어?

• 내가 그 사람이라도 나 같은 사람 옆에 남고 싶지 않을 거야. 나랑 같이 있으면 누구라도 언제든 나한테서 도망갈 기회를 노리려고 하겠지.

배신은 유감과 분노만 남기는 것이 아니라 자기혐오와 자기 비하의 고통까지 낳는다. 이러한 자기 비하는 타인을 향한 불신에서 그치는 것이 아니라 스스로 다른 사람에게 사랑받을 만한 자격이 없다는 부정적인 생각으로까지 발전한다.

때문에 자기 곁에 있는 사람이 믿을 만한 사람인지 아닌지는 더 이상 중요한 문제가 되지 않는다. 열등감이 관계를 신뢰할 수 있는 여지를 차단해 버리는 것이다.

이런 분석을 토대로 무신뢰형 유형의 성격을 조금이라도 완화하고 싶다면 내면의 열등감을 직시하고 인정하는 것이 해결의 중요한 열쇠가 될 것이다.

관계를 망치는
열등감

상대방이 나를 배신했다는 객관적인 사건이 없는데도 신뢰감을 형성하기 힘들다면 이런 열등감이 잠재적인 원인일 확률이 높다.

좀 더 심층적으로 이야기하자면 관계에서 안정감을 얻으려는 사람은 불안감의 근원이 자아의 열등감이라는 것을 알지 못한다. 자신감을 쌓는 것이야말로 문제 해결에 필요한 방법이라는 걸 잊은 채 상대에게 계속 확인과 약속을 받으려고만 하는 이유가 여기에 있다.

한편 관계에서 신뢰를 강요당한 사람은 상대방이 자신을 감시하고 통제하려는 마음 이면에 위로받아야 하는 열등감과 연약함을 품고 있다는 걸 알지 못한다. 그래서 여러 이성적인 증거를 가지고 자신의 결백을 밝히는 데만 집중할 뿐이다. 상대방의 자존감이 올라가야 이 관계에 신뢰라는 것이 생길 수 있다는 걸 간과하는 것이다.

스스로 자존감을 채울 때 불안감은 사라진다

내담자와 대화하면서 이와 관련한 단서를 찾을 수 있었다. 상담한 지 두 달쯤 되던 어느 날 내담자는 지난주에 자신에게 강한 의심이 들었다고 말했다. 배우자의 행동에 관심이 뚝 떨어졌다는 것이다. 배우자가 누구와 만나서 무엇을 하는지 알지 못해도 전혀 불안하지 않았고, 자기 일에 집중할 수 있었으며 일주일 동안 한 번도 배우자와 다투지 않았다고 말했다.

내담자에게 모처럼 등장한 돌파구라 그 기회를 잘 잡으라고 말하면서 대체 무슨 일이 있었길래 그런 뚜렷한 감정 변화가 생길 수 있었는지 함께 알아보자고 했다.

30분 정도 이야기를 나눈 뒤에 우리는 내담자가 지난 주말에 한 업무 활동과 관련이 있는 것 같다는 결론을 내렸다.

내담자는 회사가 개최하는 중요한 포럼에서 사회를 맡아야 했다. 오랜 시간 공들여 준비한 포럼이 끝나고 내담자는 동료와 상사에게 칭찬을 들었다. 그가 열심히 준비한 진행 멘트도 인정받고 행사 당일 옷차림이나 스타일링도 격식에 맞고 멋졌다며 좋은 평가를 받았다. 그리고 오랜만에 자신에게 만족감을 느꼈다.

"저에게도 확실히 멋진 부분이 있다고 느꼈어요. 그러자 배우자가 모든 수단과 방법을 동원해서라도 절 떠날 거라는 나쁜 생각이 더 이상 들지 않더라고요."

그 일로 한껏 올라간 자신감은 비록 사나흘밖에 유지되지 않았지만, 비로소 내담자는 스스로 느끼는 만족감이 친밀한 관계에서 안정감을 느끼는 데에도 뚜렷한 영향을 미친다는 사실을 깨달았다.

이제부터
믿을 만한
내 사람 만드는 법

여러 사례를 보면, 배우자를 신뢰하지 못하는 내담자의 불신이 때로는 배우자가 아닌 주변에 있는 다른 사람에게 향할 수 있다는 사실을 유추할 수 있다. 무신뢰형 유형인 내담자들은 가끔 이런 식으로 말을 한다.

• 이 세상에 믿을 만한 사람이 존재하지 않는 것 같아요.
• 도무지 다른 사람에 대한 믿음이 생기지 않아요.
• 무엇을 믿고 누구를 따라야 할지 모르겠어요. 믿을 수 있는 게 아무것도 없어요.

무신뢰형 유형으로 고통받는 내담자 대부분은 부모 중 어느 한쪽이 자신에게 다른 부모를 욕하는 것이 너무나도 괴로웠다고 토로한다. 예를 들면 성장 과정에서 어머니가 계속 내담자에게 이렇게 말한다.

- 네 아빠는 아주 나쁜 놈이야.
- 네 아빠는 우리 가정을 파탄낸 사람이야.
- 넌 네 엄마가 얼마나 무서운 사람인지 몰라.

누구에게나 가장 처음으로 신뢰를 준 대상은 부모일 것이다. 그 두 사람이 서로 강하게 멸시하고 공격하면 아이는 감당하기 어려운 것이 당연하다. 부모를 향한 자신의 믿음을 억지로 깨트려야 할 것만 같고, 이 세상에 믿을 수 있는 게 무엇인지 알수 없게 된다.

부모의 감정 쓰레기통이 된 사람들

친밀한 관계에서 신뢰 문제로 고민하는 수많은 사람이 이러한 고통을 경험했다. 한 내담자는 어렸을 때 아버지와 사이가 굉장히 좋았지만 부모가 이혼하고 어머니 손에 크면서 그의 감정 쓰레기통이 되어 버렸다.

내담자는 아버지를 향한 어머니의 책망을 '자기 전에 들려주는 이야기'로 표현했다. 매일 밤 그는 잠에 들기 전 어머니에게 아버지가 얼마나 끔찍하고 엉망진창인 사람인지 억지로 듣고 아버지를 채찍질하는 과정을 견뎌야만 했다. 내담자는 어머니의 의견에 동의하지 않았지만 자신도 아버지를 미워하는 척할 수밖에 없었다고 말했다. 그렇지 않으면 어머니와 함께 살 수 없었던 것이다.

내담자는 언젠가 실수로 아버지를 두둔하는 말을 했다가 어머니에게 심한 꾸중을 들었다.

- 내가 지금 널 먹여 살리고 있는데 네 아빠가 좋단 소리가 나와? 진짜 이렇게 엄마 속상하게 할래?
- 네 아빠가 좋으면 그냥 아빠한테 가 버려. 가서 아빠랑 같이 살면 되겠네!

아무리 강인한 아이라도 이런 경험은 마음에 수많은 상처를 남긴다. 이 상처는 어른이 되고 시간이 흐른다고 해서 자동으로 치유되지 않는다. 이 상처들은 아이가 생각하는 부모의 모습에만 악영향을 주는 것이 아니라 세상을 향한 아이의 신뢰를 깨트리고 아이에게 더 많은 억압과 고통을 안긴다.

이러한 상처는 반드시 사람들의 눈에 드러내고 위로받아야
한다. 어릴 적 부모 사이에 오간 비난들을 정돈하고 비워 내며,
오랫동안 억눌렸던 고통의 감정을 발산할 때 묵묵히 곁에 있어
줄 사람을 찾아야만 한다. 이 과정이 관계에서 성숙한 어른이
되기 위한 중요한 단계가 될 것이다.

관계가 상처가 되기 전에

CHAPTER 6

나는 왜
자꾸만
다른 사람에게
흔들릴까?

스스로를 위로하는 법

'누가 나를 만족시키는가'는 중요하지 않다.
자신을 위로할 수 없는 사람은
누구와 만나든 언제나 만족할 수 없다.

잘못된 걸 알면서도
왜 양다리를
걸치는 걸까?

"전 그 사람들을 사랑하지 않았지만 그 사람들이 절 사랑해
주길 바랐어요."

다른 사람과 바람피우거나 가정에 충실하지 않은 일들은 잘
잘못이 명확하다. 대부분의 사람이 연인 관계에서 누군가 바
람을 피웠을 때 다른 한쪽이 어떻게 해야 하는지 분명한 답을
알 것이다.

그런데 현실에서는 수많은 사람이 이처럼 점수를 내기 쉬운
문제에 각자 판단한 정답을 기입하지 않는다.

다중 연애형 관계 유형에 속하는 사람은 이 문제에 매년 최소 한 번 이상 스스로 답을 채워 봐야 한다.

후회할 걸 알면서도
왜 잘못을 반복하는 걸까?

연애란 두 사람의 이야기여야 한다. 그러나 다중 연애형 관계 유형에 속하는 사람들은 누군가에게 줄 수 있는 사랑의 양이 1보다 더 많을 수 있다. 동시에 제2, 제3의 연애를 유지해야만 자신이 사랑받고 있다는 느낌을 받는다.

이성적인 측면에서 보면 다중 연애형 관계 유형인 사람들은 더 이상 외도하면 안 된다는 걸 진심으로 알고 그렇게 하지 않으려고 노력한다. 마음속으로도 자기 자신에게 외친다.

• 그 사람은 이미 날 한 번 받아줬어. 그러니 두 번 다시 상처 주면 안 돼!

• 나에게 그렇게 잘하는 그 사람을 또다시 배신하는 건 절대 용납할 수 없어!

• 그 사람이 날 용서해 준 만큼 그에 걸맞은 가치 있는 사람이 돼야 해!

관계가 상처가 되기 전에

그러나 자신을 다그쳐야 한다고 생각할수록 본인 스스로 해서는 안 된다고 여긴 일들이 두 번, 세 번 반복해서 일어난다.

다중 연애형인 사람들은 무너지는 상대방을 보며 진심으로 자책한다. 그들에게 배신당한 상대방은 그들의 바람의 원인을 찾아 헤매는 수렁에 빠져 다음과 같이 끊임없이 캐묻는다. "왜 그 사람이지? 왜 나를 이런 식으로 대해?", "만족이 안 돼? 나 하나로는 만족을 못하나? 그 사람은 당신한테 뭘 만족시켜 주는데?"

다중 연애형 유형인 사람들은 자신의 거듭되는 문제 때문에 상대방에게 진심으로 미안해한다. "왜 나는 다른 사람의 유혹을 이기지 못할까?", "왜 나는 항상 다른 사람을 실망시킬까? 대체 내가 어떻게 해야 성숙하게 내 감정을 마주할 수 있을까?"라면서 말이다.

다중 연애형 유형인 사람들은 자신의 문제로 신뢰를 잃고 진심으로 후회한다. 상대가 좋은 사람이라는 걸 분명히 알면서도 왜 이 아름다운 관계를 자신의 손으로 직접 망가트리려는 것일까? 어떻게 해야 시간을 거슬러 아무 일도 없던 그때로 다시 돌아갈 수 있을까?

사랑할수록 공허한 마음이 드는 이유

바람을 피운 사람의 마음에는 여러 감정이 뛰어다니지만 차마 입을 떼기가 어렵다. 잘못을 저지른 사람에게 그런 감정을 가질 자격이 있겠는가? 자책감, 미안함, 후회, 양심의 가책, 무기력함은 한데 모여 허리케인처럼 그동안 쌓아온 모든 감정과 신뢰를 무너뜨리고, 자기 자신에 대한 인식마저 흐트러뜨린다.

허리케인으로 자아인식 Self-perception (자신의 감정, 행동, 내적 과정을 인식하고 이해하는 능력)이 흐트러지면 우리는 자아와 동떨어진 느낌이 든다. 스스로를 사랑할 수 있길 바라지만 실제로는 그러지 못하고 끊임없이 자신을 좋아할 다른 이들을 찾는다. 순수한 사랑의 과즙을 맛보고 싶지만 그 사랑에 무언가 다른 것을 섞으려는 본인의 습관은 막을 수가 없다.

이러한 자아 분열은 마치 극한까지 당긴 고무줄의 장력처럼 사람을 불편하게 만든다. 끊어지지는 않았지만 방심할 수는 없는 것이다. 서서히 우리는 이 장력 앞에 무릎을 꿇는다. 느슨하게 할 수 없다면 아예 고무줄을 끊어 버리자고 생각하는 것이다. 스스로를 향한 의혹을 완전히 내려놓고 자아 분열이라는 참기 힘든 장력에서 벗어나 다양한 관계에서 오는 호감을 경험한다. 빠져서는 안 되는 감정에 빠지도록 허락하는 편이 낫다며 말이다.

가끔 속으로 이런 말을 할 수도 있다. '다른 사람이 나한테 잘해 주겠다는데 굳이 거절할 필요가 있나?' 그런데 자신을 좋아하는 사람이 많아질수록 점점 스스로를 혐오하게 되는 것 같다.

바람을 피우면서 자기혐오를 느끼는 사람들

동시에 세다리를 걸치고 있었던 한 내담자는 자기혐오가 너무 심했다. 그래서 자신이 대체 왜 그런 건지 알아보기 위해 상담을 청했다.

"지난 1년간 제 애정사를 돌이켜 보니 스스로도 기가 차더군요. 제가 뭘 하는 건지 모르겠더라고요. 두 번이나 바람을 폈죠. 아니 어쩌면… 서너 번일 수도 있겠군요. 같이 안 잔 것까지 바람피운 걸로 치면 말이죠. 전 학교 육상부 매니저고 남자친구는 육상부원인데 사귄 지는 2년 정도 됐어요. 시작은 남자친구가 절 따라다녔죠. 정말 잘해 줬고 같이 지내도 별 문제가 없었어요. 사실 처음에는 딱히 그 사람이 좋다는 느낌은 없었는데 정말 괜찮은 사람이긴 했어요. 성적도 좋고 운동도 잘하고 성격도 사근사근해서 누구랑 싸우는 법이 없었죠. 근데 남자 친구는 졸업 후 다른 지역으로 일하러 가고 전 원래 있던 대학에 남아서 석사 과정을 밟았어요. 장거리 연애를 하게 된 거예요. 평균 한 달에 한 번씩 만났는데 헤어진 지 얼마 안 됐을 때는 서로 너무 보고 싶어서 매일 연락하고 영상통화를 했어요. 아마 1, 2주도 안 돼서 남자 친구가 보러 오고 저도 가고 그랬어요. 그 후로도 매달 남자 친구랑 만날 때마다 즐거웠어요. 근데 갈수록 남자 친구를 만날 때만 즐겁고 학교로 돌아오면 별로 남자 친구가 그립다는 생각이 안 들더라고요. 석사 1학년 때 다른 학교에서 온 남학생이 저한테 잘해 줬어요. 처음엔 평범한 친구처럼 지냈고 딱히 별생각 없었어요. 저한테 졸업 선배인 남자 친구가 있고 우리가 매달 만나는 것도 알고 있었고요. 그런데 서서히 그 남학생이 적극적으로 대시를 했어요. 데

이트 신청 횟수도 늘었죠. 누군가 제 곁에 있어 주고 절 보살펴 주는 느낌을 거부하지 못한 것 같아요. 그 남학생은 제게 고백을 했고 그렇게 우리 둘은 비밀리에 사귀기 시작했어요. 그리고 다음 학기가 됐는데 육상부에 매력적으로 생긴 부원이 들어왔어요. 성깔도 좀 있고 성격은 썩 안 좋은 것 같았지만 저한테는 상냥하게 말을 해서 제가 특별한 사람이 된 느낌이었어요. 그렇게 점점 자주 만나다 보니 썸 타는 관계처럼 된 거죠. 그 부원하고도 몰래 만났는데 남자 친구가 있어서도 그런 것도 있지만 나중에 알고 보니 그 부원도 여자 친구가 있었던 거예요. 처음엔 그만둬야 한다고 생각했지만 그 감정들을 통제할 힘이 없었죠."

첫 대화를 시작한 지 불과 몇 분 만에 내담자는 자신이 지금 동시에 세 명을 만나고 있다고 속 시원히 털어놓았다. 그러고는 이어서 그 사람들과 관계에서 느낀 감정들을 이야기했다. 위의 이야기에서 알 수 있듯 내담자는 자신이 잘못된 일을 저지르고 있다는 사실을 스스로도 알고 있었다. 그녀는 왜 알면서도 자신을 멈출 수 없었을까? 이어진 대화에서 내담자의 감정을 조금 더 자세히 파악해 보기로 했다.

난 그저 친밀감을
계속 느끼고 싶었을 뿐이야

불안한 낯빛을 띤 내담자가 진정할 수 있도록 잠시 시간을 준 뒤, 그녀가 자신의 이야기를 이어 가도록 유도했다.

"혹시 그들 중 누구를 더 좋아하는 것 같다는 느낌을 받은 적이 있나요?"

"아니요, 제가 도대체 누굴 좋아하는지 모르겠어요. 제가 먼저 원해서 시작한 관계는 하나도 없거든요. 저도 심플하게 살고 싶어요. 근데 혼자인 게 너무 두려워요. 너무 많은 유혹을 받아들이면 안 된다는 걸 알지만 제 삶이 관리가 안 돼요. 석사반의 그 타학교 남학생은 제가 육상부원이랑 가깝게 지내는 걸 눈치챈 거 같았어요. 왜 자기가 보낸 메시지에 답하는 횟수가 점점 줄어드는지, 무슨 뜻이냐고 물으면서 기분이 어떤지 알려 달라고 했어요. 무슨 말을 해야 할지 모르겠더라고요. 전 그냥 누가 잘해 주는 걸 거절하지 못하는 거예요. 그 어떤 관계도 포기가 안 돼요."

"방금 하신 얘기를 들어 보니까 본인 곁에 있어 줄 사람과 관심을 강하게 원하는 것 같아요. 내가 특별하다고 느껴질 만큼 주변에서 나한테 잘해 주는 누군가가 필요한 거죠?"

"맞아요. 저랑 함께 있어 줄 사람이 정말 필요해요. 남자 친

관계가 상처가 되기 전에

구가 일하러 타지로 떠난 후 6개월 동안 처음 사귄 남자 친구랑 다시 연락하기 시작했어요. 실제로 무슨 일이 있었던 건 아니고요. 그냥 예전에 썸 탈 때처럼 대화를 나누는 정도였어요. 저도 제 남자 친구가 저한테 가장 어울리는 사람이라는 걸 알아요. 만약 이번 생에 결혼을 하게 된다면 어느 면으로 보나 지금 남자 친구가 최고의 선택이라는 것도 잘 알고요. 근데 좀 이상한 게, 분명히 남자 친구가 너무 잘하고 마음 아프게 하지도 않는데 남자 친구에 대한 제 사랑이 계속 이어지지 않는 것 같은 거예요. 남자 친구를 위해서 다른 관계들을 끝낼 수가 없었어요. 정말 사랑하는 사람들이 아닌데도 말이에요."

"좋은 관계가 있는지 없는지보다 자신이 외로움을 느낄 이유가 있는지 없는지를 더 중요하게 생각하는 것 같은데요?"

"음… 맞는 것 같아요. 연애를 시작한 이후로 확실히 연애 공백 기간이 거의 없었어요."

추측이 사실로 드러난 후 내담자에게 이렇게 알려 주었다.

"방금 저한테 말씀하신 감정들을 정리하면서 궁금한 점이 생겼는데요. 어떻게 받아들이실지 모르겠어요. 혹시 친밀한 관계를 줄이고 자기 자신과 둘이서 잘 지낼 순 없는 건가요?"

"자기 자신과 둘이 지낸다고요?"

내담자의 대답을 듣고 외로움을 거부하는 강력한 힘을 느꼈다. 어떤 자아 상태가 내담자를 타인과 계속 친밀한 느낌을 경험해야만 하는 사람이 되도록 이끌었는지 궁금했다.

6개월 동안 내담자와 혼자 지낼 때 어떤 점들이 어려운지 정리해 보았다.

집에 있어도
불안하고 두려운
사람들

내담자는 초등학교 3, 4학년 때즈음 부모님이 이혼했다. 그
일이 자기 삶에 어떤 변화를 가져왔는지 이야기했다.

"부모님이 이혼하실 때는 어렸기 때문에 제가 어떤 기분이
었는지 정확히 기억나진 않아요. 당시 부모님의 생각이 꽤 트
여 있었다고나 할까요. 어쨌든 두 분은 이혼하기로 했어요. 저
는 평일에 어머니와 지내다 금요일 학교 수업이 끝나면 아버지
가 계신 곳에 가서 지냈어요. 그러고는 월요일에 아버지가 학
교까지 태워 주시면 수업 마치고 다시 어머니 집으로 갔고요.

이런 패턴을 계속 유지했어요. 얼핏 두 분이 '이혼했다고 애까지 아빠나 엄마를 잃게 만들지는 말자'라는 식의 이유를 말하는 걸 들은 것 같아요."

"그런 방식이 확실히 본인에게 여전히 아버지나 어머니가 있다는 느낌을 갖게 해 주던가요? 지금 머릿속에 떠오르는 문장이나 장면 같은 것이 있으면 편하게 말씀해 주시겠어요?"

"아무도 절 원하지 않는 것 같았죠…. 두 분 다 저를 원하지 않는다고 생각했어요."

안정감을 느끼지 못한다는 것

겉으로는 여전히 부모와 함께 균등한 시간을 보내는 것처럼 보였지만 내담자는 이혼 후 부모가 진심으로 자신을 깊이 사랑한다는 느낌을 거의 받지 못했다고 말했다.

내담자는 어렸을 때 밤에 잠자면서 왼쪽으로 몸을 돌리면 어머니가, 오른쪽으로 누우면 아버지가 있던 그 느낌을 가장 그리워했다. 그런 장면은 이제 부모의 이혼으로 영원히 추억이나 꿈으로만 남게 되었다. 내담자가 더 견디기 힘들었던 점은 이혼 후 얼마 지나지 않아 부모에게 각자 새로운 배우자가 생겼다는 것이었다.

아저씨와 아줌마가 한 명씩 생긴 것뿐이지만 내담자는 평일이나 주말이나 집에서 밤에 혼자 자야 했다. 오른쪽이든 왼쪽이든 어느 쪽으로 돌아누워도 내담자가 안심할 수 있는 온기는 어디에도 없었다. 이야기를 들으면서 내담자가 느낀 내면의 감정들에 접근해 보기로 했다.

"어렸을 때 전 어머니와 정말 친하다고 생각했어요. 기억하기로는 어머니와 대화가 늘 끊이질 않았죠. 정말 많은 것을 이야기했어요. 어머니는 제가 좋아하는 만화 내용을 다 알았고 어머니가 보는 프로그램을 저도 같이 봤어요. 어머니는 외출할 때 항상 저를 데려갔고 어머니의 모든 게 익숙했어요. 그런데 부모님이 이혼한 후에야 어머니와 나 사이의 거리가 얼마나 멀었는지 알게 됐어요. 그 아저씨는 누구인지, 어머니는 무슨 이유로 그 아저씨와 같이 살기로 한 건지 알 수 없었죠. 어머니가 그 아저씨와 생활하는 모습이 너무 낯설었어요. 어릴 때 전 어머니와 함께 지낸 시간만큼 아버지와 긴 시간을 보내지는 못했지만, 그래도 나름 사이가 좋았어요. 집에 있을 때 아버지는 절 안은 채 텔레비전을 보고, 밖에 놀러 갈 때도 데리고 나갔죠. 하지만 이혼하고 나서 아버지는 절 멀리하는 것 같았어요. 뭐든 아주머니랑 얘기하게 하고 항상 아주머니와 놀게끔 제 등을 떠밀었어요. 심지어 저한테 할 말이 있어도 일부러 아주머니를 통해서 이야기를 전하기도 했죠. 전 진짜 아주머니에게 좋은 감정이 하나도 없었는데 아버지가 아주머니에게 절 안으라고 시켜서 너무 기분이 나빴어요. 어릴 때는 집안 구석구석 어디든 마음대로 돌아다니고 뭐든 다 만질 수 있었어요. 근데 부모님이 이혼하고 나서 많은 규칙이 생겼죠. 어른들 방은 어린애가 함부로 들어가면 안 된다고 했어요. 전 아저씨 서재에서 건드리면 안 되는 물건들이 무엇인지, 열면 안 되는 아주머니 서랍들은 어떤 것들인지 배워야 했고요."

"어렸을 때 내가 가지고 있던 아름다운 것들을 부모님의 이혼으로 전부 빼앗긴 것 같았을 거예요. 그때 느낀 기분 나쁜 감정이 슬픔, 서운함, 분노 같은 거였나요?"

"음… 서운했어요. 근데 화가 난 건지는 잘 모르겠고요. 전 기분이 안 좋다는 걸 부모님한테 직접적으로 말한 적이 없어요. 저도 그 일들이 누구의 잘못이라고 생각하지 않았으니까요. 일종의 무력감이었을 거예요. 많은 것을 포기하도록 강요받은자 마치 원래 가지고 있어야 할 많은 권한을 잃어버린 것 같았던 거예요."

"부모님이 이혼하고 나서 누구와 살고 싶은지 결정할 권한이 없었죠. 부모님과 나 사이의 거리를 좁힐 권한도 없었고요. 내가 부모님의 새로운 배우자들과 교류해야 하는지 결정할 권한도 없었어요. 부모님에게 내가 얼마나 괴로운지 알릴 권한도 없었고요. 간단히 말해서 부모님의 이혼으로 나는 내 삶을 마음대로 할 권한이 없어진 거나 마찬가지였네요."

"맞아요, 그런 기분이었어요. 당시 실제로 기존에 가진 많은 권한을 포기해야 했어요. 그러고 나서 원치 않던 변화가 너무 많이 일어났어요. 이미 여러 권한을 잃은 상태에서 듣고 싶지 않은 비난을 계속 들어야 했어요. 예를 들면 제가 아주머니와 아직 서먹서먹하다고 생각한 아버지는 철이 없어서 아주머니를 속상하게 한다며 절 꾸짖었어요. 또 아저씨는 가끔씩 일부러 제 앞에서 아버지 욕을 했죠. 아버지가 얼마나 못났으면 어머니가 이혼을 결심했겠느냐고 하면서요. 정말 듣기 싫었어요. 아버지나 아저씨가 하는 그런 말을 듣는 게 죽기보다 싫었죠. 부모님은 저를 소중히 여기는 마음에 돌아가며 저를 챙기기로 했다고 말했지만, 전 가끔 그런 생각이 들었어요. 사실 두 분 다 날 원하지 않았기 때문에 인간 공처럼 이리저리 넘겨야 했던 게 아닐까 하고요."

부모의 이혼 이후 다양한 일을 겪으면서 내담자는 자기 인생의 지배권을 상실한 느낌을 받았고 자신이 어렸을 때 부모가 자신을 신경 써 주던 그 가치감을 더 이상 맛볼 수 없다는 생각이 든 것 같았다.

추후에 이어진 상담을 통해 어린 시절에 자기 인생의 지배권을 상실한 경험도 내담자 본인의 다중 연애형 관계 유형과 어느 정도 관련이 있다고 보았다.

바람피는 사람은 '이것'에 중독됐다

동시에 세 명과 친밀한 관계를 유지하며 느낀 감정에 대해 내담자와 이야기를 나눈 적이 있다.

"저한테 호감을 표시할 때 그 남자들이 저를 사랑한다 어쩐다 뭐 그런 식의 말을 했지만, 사랑받는다는 느낌보다는 인정을 받는 듯한 느낌이 들었어요."

"그 '인정'받는 느낌을 좀 더 설명해주실 수 있나요?"

"그게… 누군가 나를 신경 쓰는 느낌… 내 권력을 인정해 주는 사람이 생긴 것 같은 느낌이요. 그러니까… 뭐랄까, 내가 남에게 나를 신경 쓰라고 요구할 수 있는 권력과 자격이 있는 사람이라고 인정받는 거예요."

"만약 친밀한 관계가 '나에게 다른 사람이 나를 신경 쓰게 할 수 있는 권력이 있다'라는 느낌을 준다면 혹시 '내가 상대방에게 나를 신경 쓰라고 요구할 권력을 잃었다'라고 느꼈을 때 더 많은 관계를 찾게 되는 걸까요?"

"그런 것 같아요. 제가 왜 장거리 연애를 힘들어했는지 설명이 되는 것 같기도 하고요. 남자 친구가 타지로 일하러 떠난 후에 확실히 남자 친구한테 뭔가를 요구할 권력이 없는 느낌이었어요. 예전처럼 저를 향한 남자 친구의 관심을 느끼기도 힘들었고요."

"방금 저한테 어제 그 육상부원이랑 데이트를 했는데 남자 친구가 눈치채지 못한 게 의외라며 웃는 것 같았거든요. 그 웃음이 어떤 의미인지 알 수 있을까요?"

"그냥 좀 어이없기도 하고 웃기기도 했어요. 그 사람이 저를 잘 안다면 어떻게 제가 혼자 영화를 보러 갔다는 생각을 할 수 있겠어요? 저도 제가 이러면 안 된다는 걸 알지만 남자 친구의 질문을 피했을 때는 저도 모르게 제가 이 상황을 장악한 느낌이 들더라고요."

권력감에 대한 느낌은 내담자 스스로 본인의 감정에 대해 묘사한 것 이외에도 이 일을 재미있어하는 듯한 현상에서도 관찰할 수 있었다. 세 남학생에게 들키지 않고 어떻게 동시에 여러 친밀한 관계를 유지할 수 있었는지 이야기할 때마다 내담자는 생글거리는듯한 말투로 묘사했다.

상실감을 채우는 잘못된 처방전

연애가 대체 사람에게 어떤 감정을 느끼게 하는지 평범한 사람이 이해할 수 있는 수준에서 한번 생각해 보자. 아마 쉽게 나올 답으로는 관심, 이해, 응원, 사랑을 받아서 경험할 수 있는 친밀감, 소속감, 동반감, 신뢰감 정도일 것이다.

그런데 일부 사람들에게 다중적인 연애 관계가 필요한 이유가 무엇인지 탐색할 때, 수많은 심리학 연구 결과는 바람피우는 것이 꼭 친밀감 부족에서 발생하는 것이 아니라 지배감과 권력감을 느끼고 싶은 마음에서 비롯할 때도 있다는 것을 알려준다.

다중 연애형 관계 유형에 빠진 사람들은 자기 자신이 약속을 지킬 수 없는 사람이라고 착각한다. 그리고 자신이 다른 사람과 친한 사이를 유지할 수 없는데 그것을 알아차리지 못하는 거라고 착각한다. 그렇게 감정적으로 혼란을 겪으면서 자기 인생을 향한 권력감과 지배감을 잃는다.

바람피우는 것이 이런 상실감을 채우는 잘못된 처방전이 된 것이다.

조금은 상상하기 어렵지만 일반적으로 친밀한 관계가 세다리 혹은 그 이상일 때 여러 명과 동시에 연애하는 것은 인간관계에서 권력을 드러내는 수단일 가능성이 높다.

한 번에 세 명과 친밀한 관계를 유지하는 것은 본질적으로 정보와 감정의 통제를 은연중에 내포한다. 여러 명을 만나는 사람이 다양한 감정 관계 사이를 자유롭게 오갈 수 있고 여러 대상을 만난다는 정보를 손쉽게 남겨 놓거나 속이면서 자신의 시간, 공간, 정신을 관리할 수 있으면 심리적으로 강한 권력감을 느낄 확률이 높다.

바람피우는 사람은 권력감에 굶주려 있다

자아가 바람이라는 나쁜 방식을 이용해서라도 끊임없이 지배감과 권력감을 흡입하길 원하기에 다중 연애형 유형인 사람들은 타인과 안정적으로 관계를 유지할 방법이 없다. 단순히 어느 한 관계에 몰입하면 자아가 그런 강력한 권력감을 느끼지 못할 가능성이 크기 때문에 반드시 제2, 제3의 친밀한 관계를 만들어야만 마음의 공허함을 버틸 수 있다.

다중 연애형 관계 유형인 사람들이 진정으로 추구하는 것은 친밀감이나 소속감이 아니라 '내가 권력을 손에 쥐고 있다'는 지배감이다.

바람을 피운 일과 관련해서 다툴 때 속고 속이는 문제는 언제나 큰 화제가 된다. "언제부터야", "이유가 뭐야", "왜 그 사람인데", "어떻게 나한테 말을 안 할 수 있어"와 같은 질문들을 던지는 숨은 의도는 아직 들키지 않은 일들을 말하라고 독촉하는 것이다. 다중 연애형 유형인 이들은 여기서 권력감을 맛본다. 상대방을 진심으로 사랑하는 것이 아니라 '내게 사랑받을 권한이 있는가 없는가'라는 가설을 검증하기 위해 연애를 유지하는 것일 수도 있다는 얘기다.

한 사람이 반복적으로 여러 연애 관계를 유지하는 것은 인간관계에서 진정한 친밀감을 경험하지 못했고 권력감을 검증하느라 두 눈이 흐려져서일 가능성이 높다.

마음에서 날뛰는 감정을 스스로 통제할 수 없는 감옥에 들어

간 사람에게는 스스로를 대신해 내면의 고통을 대신 입 밖으로 꺼내줄 누군가가 필요하다.

관계가 상처가 되기 전에

사랑받기 위한
첫 번째
스텝

앞의 이야기를 본 지금, 제대로 사랑받을 권력이 있다고 자신 있게 말할 수 있는가?

다중 연애형 유형에 속하는 사람의 과거 친밀한 관계를 되돌아보면, 한때 많은 열정과 사랑을 경험했더라도 사실은 진심으로 깊이 사랑받은 느낌을 받지는 못했다는 걸 알 수 있다.

다시 말하자면, 자기 자신에게 깊이 사랑받을 권력이 있다는 걸 인정하지 않는다는 것이다. 어떻게 보면 자신의 중요성을 느끼지 못하는 거나 다름없는 것이다.

어쩌면 그들의 성장 과정에서 '너는 존중받는 아이'라고 설득

하는 수많은 목소리가 있었는지도 모른다. 하지만 내면 깊숙한 곳에는 그들이 이유 없이 무시당했던 괴로움을 적어 놓은 무시 노트가 숨겨진 것 같다.

그들은 과거에 주변 사람에게 큰 소리로 외치고 싶었던 것 같다. "당신들은 날 중요하게 생각해야 한다"고 말이다. 하지만 그 목소리들은 입 밖에 낼 필요가 없었다. 이미 자기 자신에게 영향력을 행사할 수 없기 때문이다.

그들은 과거에 자신에게 진심으로 무엇이 필요한지에 관심을 가지는 사람이 있기를 간절히 바랐다. 하지만 그 바람들은 결국 현실과 환상의 교차로에서 환상을 향해 가버렸다.

새로운 사람을 찾기 전에
자신의 문제부터 처리하라

"언젠가는 반드시 나를 사랑해주는 사람을 찾을 거야"

자기가 사랑을 잘 안다고 착각한다. 하지만 몇 번의 시행착오를 겪은 후에 깨닫는다. 한 번도 제대로 사랑받고 있다는 느낌을 받아본 적이 없다면 자신에게 이미 누군가를 진심으로 사랑할 능력이 없다는 것을 말이다.

계속 누군가에게 사랑받는 느낌과 사랑에 빠진다. 그들이 느끼고 싶은 친밀감은 자신과 친밀한 사람에게 오는 것이 아니라 친밀해질 수 있는 권력이 자기에게 있다고 느끼게 해 주는 사람에게서 온다.

스스로가 이해가 되지 않기도 한다. 상대방이 자신을 중요하게 생각한다는 걸 분명하게 보여 주는데 왜 마음은 여전히 텅 빈 것처럼 느껴질까?

새로운 감정으로는 무시 노트의 잉크와 글씨를 지우기 힘들다는 사실을 뒤늦게 깨닫는다. 끝내 무력감에서 벗어나지 못하는 것이다. 미성숙한 자신도 싫고 성숙하지 못한 수많은 과거를 책임져야 하는 것도 싫다. 자신의 무능함을 증오하고 내가 이런 무능함을 한때 자기를 사랑한 사람들의 인생에 이식하는 것도 증오한다.

어쩌면 그들은 사랑을 시작하기 전에 본인 문제도 제대로 처리하지 못한 상태일 수 있다. 현실과 이상에서 느끼는 감정의 격차는 스스로를 불편하게 하고 현실과 이상 속의 자아가 얼마나 다른지 보도록 강요한다.

어떻게 해야 좋을지 생각할 힘도 아직 없다. 벌써 너무 많은 감정에 파묻혀 버렸다. 어떤 날은 사랑받기를 간절히 바라고 또 다른 날은 자신이 사랑받을 자격이 없다고 생각한다.

이제는 그렇게 몸부림치던 나날들과 작별해야 할 때가 된 건지도 모른다. 타인과의 감정을 잠시 내려놓고 자신과의 감정을 찾아야 하는지도 모른다. 자신에게 무엇이 필요한지 들리는가? 자신의 감정이 들리는가?

다중 연애형 관계 유형의 악순환에서 벗어나 진정한 의미의 연애 관계를 맺고 싶다면 뒤에서 몇 가지 방법을 소개하겠다.

관계가 상처가 되기 전에

나를
만족시킬 사람보다
중요한 것

이 장에서 계속 언급한 내담자와 상담이 중반기에 접어들었을 때, 우리의 대화 초점은 내담자의 친밀한 관계들을 정리하는 것에서 내담자의 과거 탐색으로 바뀌었다.

"제 생각에는 확실히 그거 같아요. 처음부터 누가 나를 만족시키는가 아닌가의 문제가 아니었던 거예요. 내가 나 자신을 위로할 수 없었던 거죠. 누구와 만나든 진심으로 만족하지 못한 거였어요."

대부분 우리의 인간관계 형태는 우리의 내적 상태를 보여준 다고 할 수 있다. 다중 연애형 관계 유형의 친밀한 관계가 난잡한 것은 그 사람의 내면 상태가 얼마나 혼란스러운지를 보여준 다. 만약 오랫동안 먼지에 덮여 있던 혼란스러운 내면을 알아 차려 제대로 구분해 내지 못하면 자신의 친밀한 관계를 안전하게 놓아둘 자리를 찾기 힘들 것이다.

어디서 서운함을 느꼈던 걸까?

우리가 성장하면서 제대로 챙김을 받지 못한 권력 욕구는 어떤 것일까? 어떤 감정들이 잘 처리되지 못했을까? 어떤 기대들이 항상 물거품이 돼 버렸을까? 과거 경험에서 우리가 느꼈던 서운함과 상실감은 우리가 본격적으로 친밀한 관계를 시작하기 전에 반드시 먼저 살펴야 하는 자아 관계다.

내담자와 함께 채워지지 못한 수많은 권력 욕구로 생기는 무력감을 끊임없이 논의했다. 그 무력감들은 내담자의 마음에서 넘을 수 없는 벽으로 하나둘 변한 것 같았다. 그 벽들에는 다음과 같은 침통한 글귀들이 새겨져 있는 듯했다.

- 어머니와 나의 관계를 좁힐 권력을 원했지만 그럴 능력이 없었어요. 아저씨가 어머니 생활의 중심이었으니까요.
- 아주머니와 어울리지 않을 수 있는 권력을 원했지만 그럴 능력이 없었어요. 아버지는 제가 아주머니를 좋아하길 바랐으니까요.
- 부모님이 저의 불편한 마음 상태를 돌보게 할 권력을 원했지만 그럴 능력이 없었어요. 부모님이 어른을 살뜰히 보살피는 아이가 착한 아이라고 했으니까요.

이렇게 충족되지 못한 권력감을 명확하게 분간하지 못하면 도저히 손을 쓸 방도가 없다. 스스로 권력감을 통제하지 못하는 상태에서 길을 잃어버리면 친밀한 관계가 권력감을 키우는 양분으로 변할 수 있다. 친밀한 관계인 상대방을 향한 자신의 영향력으로 권력 욕구를 만족시키는 것이다.

오랜 상담 내용을 정리하면서 위 사연의 내담자는 자기인식Self-awareness 을 통해 놀라운 결정을 내렸다. 내담자는 자신의 성장 과정을 돌아보면서 자신이 알게 모르게 얼마나 많은 권력을 놓쳤는지 확실히 깨달았고, 뒤늦게 자신의 권력을 맛보기 위해서 얼마나 많은 다중 연애형 관계 유형을 필요로 했는지 알게 되었다.

자신에게 다시 시작할 기회를 주기 위해서 내담자는 과감하게 모든 친밀한 관계를 중지하고 혼자인 상태로 돌아가 '나 자신과 잘 지내기'라는 것을 체험해 보기로 했다. 그리고 자신이 권력 욕구에서 한걸음 성장할 수 있도록 창업에 뛰어들었다.

하나만으로는
안심할 수 없다는
변명

    어떤 사람들이 다중 연애형 관계 유형을 해야 하는 원인은 내면 깊숙이 친밀한 관계의 안정성을 믿을 수 없기 때문이다. "부모는 영원히 자기 자식을 사랑한다"와 같은 말을 자주 듣지만, 수많은 사람의 솔직한 심정으로는 이 말이 언제나 긍정문인 것은 아니다.

    모든 자식은 부모와 친하게 지내기를 간절히 바란다. 그런데 성장 과정에서 만약 부모가 만든 부모 자식 관계가 매우 불안정하다고 해 보자. 예를 들어 자주 자녀의 요구를 묵살한다든지 "내 말을 잘 들어야 널 보살펴 줄 거야"와 같이 아이와 소통할 때 조건을 내건다든지 하는 것이다. 그러면 아이는 부모에게 불안한 감정을 느끼면서 극도의 긴장감에 휩싸인다. "부모님과 사이가 가까워져야 하는지 잘 모르겠어. 부모님을 믿어도 될지 모르겠어. 부모님이 내게 상처 주지 않을지 모르겠어"와 같은 초조함을 자주 느끼는 것이다.

만약 성장 과정에서 지속적으로 나를 사랑해 줄 사람이 내 곁에서 나와 안정적으로 소통한다는 느낌을 받지 못한다면 성인이 된 뒤 우리는 친밀한 관계가 안정적이고 장기적으로 이어질 수 있다는 걸 진심으로 믿지 못할 가능성이 높다. 사랑을 시작할 때 친밀한 관계가 안정적이라는 믿음이 부족하기 때문에 자주 다음과 같은 의문이 든다.

"네가 충분히 안정적이지 않다면 내가 어떻게 너 하나만 바라볼 수 있지?"

다시 말해 다중 연애형 관계 유형이 된 이유는 인생 초반에 겪은 경험으로 인해서 일찍부터 "관계는 절대적으로 불안정하다. 따라서 너는 버려질 준비를 해야 한다"라는 친밀한 관계 위험관리 Risk Management 에 관한 가설이 세워졌기 때문이다. 우리는 불안정한 타인의 희생자가 되어 자신이 버려지는 일이 없도록 선수를 칠 가능성이 높다.

우리가 바구니의 안전도를 신뢰하지 못하면 어떻게 달걀을 한 바구니에 담을 수 있겠는가? 위험을 피하는 가장 좋은 방법은 당연히 달걀을 여러 바구니에 나눠 담아서 버려질 걱정으로부터 영원히 자유로워지는 것이다.

성장 과정에서 누적된 불안정한 관계 가설은 이해하기 어렵지 않다. 하지만 단번에 드라마틱한 변화를 원한다면 이는 심리 치료 전공에서도 매우 난이도가 높은 의제라고 할 수 있다.

내담자는 반드시 치료사와의 장기적인 상담과 더불어 여러 사람과 다양하게 교류하고 소통하면서 관계라는 것이 안정적이고 따뜻할 수 있다는 걸 서서히 경험해 나가야 한다. 이런 경험들이 쌓이다 보면 어렸을 때 세운 가설들을 서서히 바꿀 수 있을 것이다.

CHAPTER 7

우리는 왜
혼자면
불안할까?

남에게 기대지 않는 법

자신의 고통을 누군가가 영원히 대신 처리해 주는 일은 불가능하다.
모든 부정적인 감정들을 떨쳐 버리게 도와주는 것이
좋은 관계인 것도 아니다.
상대방의 모든 것을 대신 챙기겠다는 마음을 내려놓아라.
완벽한 관계란 없다는 것을 배운다면
소중한 관계는 더 진실하고 편안해질 수 있다.

힘들수록
타인에게
기대는 사람들

"네 마음에 진짜 내가 있기는 해? 네 세상에 내가 몸 둘 곳은 있어?"

비록 이 대사가 실제로 입 밖으로 나오지는 않았겠지만, 기생형 유형인 사람들의 마음에서 상영되는 영화의 줄거리는 언제나 '그 사람은 날 여전히 좋아하는가 좋아하지 않는가'다.

사람들과 교류하면서 가끔씩 다음과 같이 궁금할 때가 있다.

"나는 대체 뭐가 그렇게 좋아서 그 사람에게 환호할까?"

그 사람과 가깝게 지낼 때 내 심장이 미친 듯이 뛰기 시작하는 이유도 궁금하다. 그 사람과 심리적 거리가 가까워진 기분이 들 때마다 내 마음에서 어긋나던 박자가 제대로 맞춰지는 느낌이다. 그 사람이 나에게 실망할 때마다 마치 마음에 우물이 더 깊게 파이는 것만 같다.

이러한 마음이 친밀감을 느낀 것이라고 생각하지만, 여러 사람과 여러 관계를 경험하고 한숨이 반복되다 보면 그제야 한때 환호하고 심장이 떨리던 느낌이 스스로 살아 있다는 증거였음을 깨닫는다.

기생형 유형에 속하는 사람들은 의지할 사람이 없으면 생명을 완전히 잃는다. 의지할 사람이 없어지면 그들은 살아갈 수 없다. 누군가를 아끼고 좋아하는 마음이 무엇인지 확신할 순 없지만 그들에게 사랑과 온정이 필요하다는 것만큼은 확실하다. 그들은 기생할 대상이 없어지면 구체적인 시공간에 붙어 있지 못해 바람처럼 사라지고 만다.

상대는 자신만의 시간이 필요하다

누군가와의 관계를 마치 자신의 목숨처럼 묘사하는 것은 기생형 관계 유형의 형태를 나타낸다. 애정을 나눌 사람을 잃는 것을 생명을 잃는 것과 같은 상태로 보는 것이다. 기생형 유형인 사람은 곁에서 상대를 정성껏 보살피지 못하면 상당한 불편함을 느낀다. 마음속으로 "네가 눈앞에 보이질 않는데 우리가 아직 친한 사이라는 걸 내가 어떻게 알아?" 하며 의구심을 품는다. 아니면 상대방에게 "네가 내 곁에 없을 때 난 나 자신을 어떻게 챙겨야 할지 모르겠어."와 같은 식으로 네가 없으면 괴롭다고 표현하기도 한다.

관계가 기생 상태에 접어들면 자기 힘으로 삶을 살아가기 힘들다. 무슨 일을 하든 누군가가 자신의 곁에 있길 바라고 혼자 고군분투하는 상황을 피하기 위해 갖은 방법을 동원한다. 친밀한 관계에서 언제나 상대방에게 챙김, 응원, 보호, 사랑, 용서를 받기를 바란다.

그들의 강한 요구 사항이 담긴 메시지를 지속적으로 받으면 어느 순간 관계의 상대방은 반항하고 도망치며 다음과 같은 목소리를 내기 시작한다.

- 나도 나만의 공간이 좀 필요해.
- 정말 나도 방법이 없어. 내가 그렇게 만능은 아니야.
- 왜 모든 일을 나한테 기대려고 해? 너도 너만의 삶을 가져 봐!

기생형 유형인 사람은 그 정도가 심해지면 자신의 꿈과 현실은 이미 상대방에게 맡긴 것이나 다름없어진다. 그런데 정작 상대방은 그들을 피하고 도망친다. 상대로부터 지속적으로 만족을 얻을 수 없게 되면 기존의 기생 상태는 균형을 잃는다. 그리고 정신이 붕괴되어 앞으로 어떻게 살아가면 좋을지 알 수 없는 상태에 빠진다.

누군가에게
인생을 맡길 때
벌어지는 일

S와는 급성 정신과 병동에서 처음 만났다. 약물 과다 복용으로 병원에 실려 온 것이다. 진료 기록을 보니 S가 약물 과다 복용으로 병원 응급실에 실려 온 건 벌써 다섯 번째였다.

S는 기술학교를 다닐 때 자기보다 여섯 살 많은 지금의 남편을 만나 1년 후에 가정을 꾸렸다. 그는 전에 사귄 두 남자 친구에 비해 남편이 자신에게 정말 잘해 줬다고 말했다.

"그 사람은 절 지켜 주고 보살펴 주겠다며 제 앞에 무릎 꿇고 청혼했어요. 정말 감동적이었죠. 마침내 제 인생이 본격적으로 시작하는 것 같았어요. 나이 차이 때문인지 남편은 저를 정말 아끼고 사랑해 줬어요. 사귈 때는 제가 마치 공주가 된 기분이었죠."

S는 예전에 자기가 사귄 남자 친구들이 대학 동기라서 우정보다 조금 더 깊은 감정을 느꼈을 뿐이지 서로 진지하게 사랑하는 느낌은 아니었다고 말했다. 나이가 많아서 그런지 몰라도 남편이 자신을 잘 챙겨 줘서 사랑을 듬뿍 받는 공주가 된 기분이 들었고, 남편에게 더 푹 빠졌다는 것이다.

남편은 연애할 때 S에게 잘 보이려고 꽃이나 선물을 보내고 아침밥과 야식까지 챙기는 등 다정하게 행동하며 S가 이제껏 한 번도 경험하지 못한 행복을 느끼게 해 주었다.

함께한 5년 동안 S의 남편은 S의 전부나 마찬가지였다. S는 신혼 초반에 정말로 행복했다고 말했다. 남편이 운영하는 작은 휘궈집에서 일하는 시간 외에 두 사람은 거의 붙어 있다시피 했고, 남편도 집안의 대소사를 완벽하게 도맡아 처리했다. 여행을 갈 때도 남편 혼자 모든 것을 준비해서 S가 걱정할 건 하나도 없었다.

남편은 S뿐만 아니라 S의 가족에게도 든든한 존재였다. S의 아버지가 돈을 요구하면 남편이 용돈을 드렸다. S는 자신에게 가장 좋은 사람이자 자신이 의지할 수 있는 유일한 버팀목인 남편에게 큰 고마움을 느꼈다. 남편의 사랑과 지지는 S의 인생에서 절대 잃을 수 없는 것이었다.

당신이 없으면
난 살 수 없어

결혼하고 1년쯤 지나자 세심하게 보살피던 남편의 모습은 서서히 자취를 감추었다. 사업 파트너에게 문제가 생기면서 남편의 경제 사정이 어려워졌기 때문이다. 남편과 상의 끝에 S은 가계 살림에 보탬이 되고자 직장에 나가 돈을 벌기로 했다.

세 번 연달아 영업직을 담당했는데 하나같이 3개월을 넘기지 못했다. 회사에서 팀장이 본격적으로 업무를 맡길 때마다 S는 마음이 불편해졌다. 자신이 남들보다 능력이 부족해서 기대에 못 미칠까 봐 움츠러든 것이다.

처음에는 남편도 S에게 다양하게 시도해 보라며 위로도 하고 격려도 했다. 하지만 같은 일이 반복되자 S는 남편이 귀찮아하는 게 느껴졌다. 그래서 상의 끝에 남편이 운영하는 횟귀집에서 매주 며칠만이라도 일하며 인건비를 줄이기로 했다.

"남들은 쉽게 하는 걸 왜 그렇게 어려워하냐며 남편이 뭐라고 하더라고요. 근데 전 진짜 웃지를 못하겠어요. 가게에서 손님들한테 웃으면서 응대할 수가 없어요. 한번은 출근하는 문제로 남편이랑 크게 다퉜는데 하필 그때 아버지가 전화해서 남편한테 돈을 달라고 했어요. 통화를 끊더니 남편이 그러더군요. 이혼하고 싶다고. 그 말을 들었을 때 제가 어떤 기분이었는지 말로 표현을 못하겠는데 그냥 허했어요. 계속 남편을 욕하고 주먹으로 치고 그랬죠. 그러자 남편이 문을 박차고 나가서 차를 끌고 어디론가 사라져 버렸어요. 그리고 그날 밤에 저는 병실에서 깨어났죠. 그날 처음 약을 먹었어요."

남편과의 관계에서 S는 기생형 관계 유형의 성격을 강하게 드러냈다. 남편에게 결혼 관계를 끝내자는 소릴 들었을 때 S는 단순히 관계를 향한 위협을 넘어 자신의 존재가 지속될 수 있을지 없을지에 큰 위협을 느꼈다. 자기 생명을 포기할 만큼 고통스러웠던 것이다.

숙주와 결합한 기생체가 그러하듯 숙주가 더 이상 자신과 함께할 수 없다는 사실은 기생체 입장에서 사망 선고를 받은 것이나 마찬가지다. 한때 남편이 준 사랑과 관심이 생명의 빛을 주었는데, 이혼하고 싶다는 남편의 생각은 S의 세상에서 빛을 완전히 지우고 그 안을 절망으로 가득 채운 것이다.

"전 남편의 사랑이 없으면 더 이상 못 살 것 같아요."

"혹시 본인이 유년 시절에 겪었던 일에 대해 좀 더 말씀해 주실 수 있나요?"

S에게 동의를 구하고 그녀의 과거 이야기를 좀 더 들어 보기로 했다.

나에게 "누구 밑에서 자랐어?"라고 묻지 마

심리 평가를 진행하는 과정에서 S는 시종일관 꽤나 조심스러운 태도를 보였고 문제에 답을 할 때도 꽤 보수적인 편이었다. 두세 개를 질문하면 그중에 하나를 골라서 마지못해 대답하는 식이라 S의 성장 배경을 이해하는 데 상당히 오랜 시간이 걸렸다.

S가 설명한 내용들을 조합해 보니 결혼하기 전에 그녀가 가족들과 살면서 화목하고 즐거웠던 기억은 거의 없는 것 같았다. S의 기억 속에는 부모가 다투는 장면들뿐이었다. 가벼운 말다툼부터 심하게는 물건을 던지거나 서로에게 폭력을 가할 때도 있었다.

S가 학교에 들어간 이후 어머니가 이혼 얘기를 꺼냈지만, 아버지는 한사코 동의하지 않았다. 어머니는 아버지가 이혼 도장을 찍게 하려고 술주정을 부리기 시작했다. 술을 마시면 S의 부모는 서로 위협하고 악담을 퍼부었다. 어머니가 아예 집을 나가 종적을 감춘 적도 한두 번이 아니었다.

이런 나날이 수년째 이어지다가 S의 부모는 결국 이혼에 합의했다. 세 자매의 양육권은 아버지에게 돌아갔고 어머니는 거의 관심을 끊다시피 했다. 성장하는 동안 아버지는 사실상 거의 대부분을 밖에서 일하며 지냈고 세 자매는 여러 친척 집을 전전해야 했다. 같이 살 때도 세 자매는 서로 다투고 부딪히기 일쑤였다. 막내인 S는 언니들에게 보살핌이나 사랑을 받기는커녕 오히려 자원을 두고 경쟁하는 느낌만 받았다.

"어렸을 때 할머니가 가끔 집에 와서 저희 자매를 돌봐 주셨는데 유독 둘째 언니만 예뻐했어요. 밖에 외출할 일이 있으면 둘째 언니만 데려가고, 둘째 언니한테만 물건을 사주시곤 했죠. 제가 초등학교 다닐 때 저희 셋이 한동안 고모 집에서 지낸 적이 있어요. 큰 언니는 나이도 많고 수업 듣기도 힘드니까 혼자서 방을 써도 된다고 하셨어요. 어른들은 왜 저만 빼놓고 언니들만 예뻐하신 걸까요? 보통 사람들은 부모님이 이혼했다는 말을 들으면 바로 이어서 이렇게 질문했어요. '그럼 어렸을 때 누구 밑에서 자랐어요?' 전 이런 질문을 들을 때마다 어떻게 대답해야 할지 정말 모르겠더라고요."

여기저기 떠돌며 지낸 S의 유년 시절이 그의 생활과 그때 느낀 심정을 가장 잘 보여 주는 것 같았다. 주변에 혈육이 있지만 S에게 어른이 된다는 건 누군가에게 보살핌과 양육을 받는 과정이 아니었다. 한 아이가 혼자 외롭게 시간이 흐르기를 기다리다 보면 나타나는 자연스러운 현상과 같았다.

S는 자라면서 어른이 옆에서 정성껏 챙기고 보살피는 느낌을 받은 적이 없었다. S는 가끔 식당 옆 테이블에서 부모와 자식처럼 보이는 손님들이 함께 식사하는 모습만 봐도 집에 오면 그 장면들이 계속 머릿속을 맴돌았다고 했다.

이런 말은 S의 인생에서 누군가 자신과 함께 있어 주고 그 사람에게 보살핌을 받고 싶은 욕구가 마음속 깊은 곳에서 이미 20년 넘게 얼어붙어 있을지도 모른다는 것을 보여 준다.

이런 불안정한 성장 환경에서 자란 걸 보면 S가 왜 그토록 타인과의 관계를 통해서 자신의 인생에 온기를 주려고 했는지 쉽게 이해할 수 있다. S에게 남편의 출현은 삶에 한 줄기 희망이 생긴 것과 다름없었다. 누군가에게 의지하고 싶던 욕망을 방출시켜 자신이 동경하는 보호, 보살핌, 사랑을 받는 삶에 한 층 더 가까워진 것이다.

그러나 S의 인생에서 이런 갈망은 실현되지 못했고 기생형 관계 유형의 고통으로 이어질 수밖에 없었다.

관계가 상처가 되기 전에

기댈 수 없으면
도망치는
버릇

기생형 유형의 관점에서 본다면 S가 왜 남편과의 결혼을 자기 인생의 출발점이라고 말했는지 이해할 수 있다.

S는 태어날 때부터 결혼에 골인하기까지 자신이 누군가의 지지를 받는 경험을 하지 못했다. S의 마음에 아쉬움이라는 커다란 구멍이 생겼고 온전한 자기 자신의 모습을 갖기가 힘들어졌다. 대신 S는 무의식적으로 남편의 지지가 있어야만 자신에게 생명력이 생기고, 자신의 존재를 남편의 관심과 사랑에 단단히 연결시킬 수 있다고 믿었다.

만약 숙주가 자신의 요구를 만족시키지 못하고 자기 마음의 빈 구멍을 제대로 처리할 수 없다는 사실을 알게 되면, 어렵사리 숙주를 찾아 기생한 기생체가 큰 고통을 느끼는 것은 당연하다. 기생체는 버림받고 배신당한 기분에 자기 인생의 방향을 완전히 상실한다. 상처 받은 영혼은 '기생할 수 없으면 도망칠 수밖에 없다'라는 부정적인 생각을 떠올리고, 살면서 계속 무엇인가를 포기하는 태도를 유지한다.

스스로를 감당하지 못할 때
사람들의 선택

처음에 약물 과다 복용으로 병원에 실려 간 이후로 지금까지 S는 결혼생활을 유지하고 있기는 했다. 그러나 자신을 향한 남편의 실망감을 도저히 견딜 수 없어서 자해를 선택했다. 남편이 더 이상 안전한 숙주가 아닐 때 S는 오랜 시간 쌓아온 아픔을 견딜 수 없는 상태가 되고, 약물 과다 복용이 그녀가 삶에서 달아나는 도주 경로가 된 것이다.

내담자가 지속적으로 스트레스를 받고 관계의 문제를 해결하지 못하면 이 도주 경로를 다시 사용할 가능성이 높다. 살면서 본인 스스로 감당하기 문제를 맞닥트릴 때마다 약을 먹고 병원에 입원하기를 반복하는 것이 S에게는 인생의 고통에서 자신을 구원하는 유일한 방법이 될 것이다.

약물 과다 복용이 삶의 피난처가 되었다면 그 삶의 주인공이 얼마나 말도 안 되는 시련을 겪었을지 쉽게 상상할 수 있다. 친밀한 관계가 자기 목숨을 거는 상태로까지 변한 걸 보면 우리에게는 누군가가 이해해 줘야 할 여러 감정을 품고 있다는 생각이 든다.

타인이 없으면
나도 없다?

우리는 살아 있다. 우리는 확실히 살아 있다. 하지만 기생형 유형인 사람들은 자신의 존재를 확신하기 어렵다. 실제로는 아무 문제가 없을지 모르지만 그들은 자신의 마음이 텅 빈 것처럼 느낀다.

평소에 사람들과 함께 있을 때는 이런 공허함을 느끼기 쉽지 않다. 그런데 혼자 있을 때는 마음속에서 울리는 불분명하고 귀에 거슬리는 소리가 쉽게 들리는 것만 같다.

• 남들은 속 편하게 잘만 사는 것 같은데 왜 나는 내 삶에 의미가 있다는 생각이 안 드는 걸까?
• 분명히 나를 신경 써 주는 사람이 곁에 있는데도 난 왜 그 사

람들이 더 멀게 느껴지는 것일까?

• 다른 사람은 삶에 열정을 가지고 사는데 왜 내가 상상하는 미
래는 그토록 공허한 걸까?

이처럼 기생형 유형은 가끔 마음속으로 자기 인생의 방향을
잃어버리고 자신의 존재 가치를 의심할 때가 있다. 가끔 마음
속으로 관계에 무력감을 느끼고 타인과 연결되었다는 의미에
곤혹스러워하기도 하고, 마음속으로 미래의 결핍을 불안해하
며 자유롭고 마음 편하게 인생을 사는 사람들을 부러워할 때도
있다.

이러한 불편한 감정들이 마음속에서 마구 뒤섞이고, 혼자가
됐을 때 정신을 헤집어 놓는다. 마치 마음이 계속 속삭이며 삶
에 의미 있는 일은 아무것도 없다고 느끼게 하는 것 같다.

외로운 상태가 되어 공허한 느낌과 감정이 쏟아져 나올 때면
직감적으로 무엇인가 잘못됐다는 것을 느끼고 무의식중에 피
한다.

그렇다면 아예 신경을 꺼 버리면 되지 않을까? 도망치는 것
이 부끄러운지 아닌지를 굳이 논의할 필요는 없다. 그러나 영
혼의 공허함을 잠시나마 완화하는 방법이 될 수 있는 것은 분
명하다.

만약 도피하는 방법으로도 자신의 존재감을 느낄 수 없다면 다른 사람에게 그러한 상태인 자신을 드러내 보자. '나와 대화하고 곁에서 나와 대화하고 나를 보살피는 사람이 있으면 내 존재 가치를 의심하는 일은 더 이상 없지 않을까?'라고 생각하며 말이다.

그렇게 서서히 '타인이 없으면 나도 없다'는 논리를 받아들인다. 이러한 이유로 기생형 유형인 사람들은 누군가의 지속적인 보살핌이 필요하다. 남이 자신을 보살피는 느낌을 받지 못할 때 무력감과 절망감이 그들의 존재를 뒤덮는다. 그들은 누군가의 끊임없는 존중이 필요하다. 타인에게 존중받지 못하면 마음속에서 방향 감각을 상실하고, 공허함이 그들의 존재를 없애 버린다.

어떤 사람도 외로움을
완벽하게 채워 주진 못한다

기생형 유형인 사람은 항상 두렵고 불안하다. 만약 의지할 부목이 없다면 어떻게 해야 공허함의 홍수에서 익사하지 않을 수 있는지 상상하기 어렵다. 자신이 살아 있음을 보증할 유일한 방식은 자신과 의지할 만한 사람을 꼭 묶은 채 서로 놓지 않는 것이다.

자신의 평생을 맡길 만한 든든한 숙주를 찾기란 어렵다. 그 공허함이 다른 사람으로 채워질 수 있다고 착각하지만, 안타깝게도 공허함의 홍수 속에서 계속 발버둥만 치는 건 바람 빠진 구멍 튜브만 움켜쥐는 것과 다름없다.

기생형 유형인 사람들은 친밀한 관계가 유지되면 더 이상 공허할 필요가 없고, 인생에서 더는 실망할 일이 없을 것이라 생각한다. 그런데 잠시 잠깐의 만족감을 얻고 나면 다시 공허함과 실망감으로 속수무책이 돼버린 자신을 발견한다.

마음에 채워야 할 충전재는 미래에도 함께할 누군가로 채우는 것이 아니라 과거 상처를 회복하는 것으로 채워야 한다. 공허함의 홍수에서 벗어나는 동시에 기생형 유형의 고통을 완화하기 위해서는 어느 한쪽이 다른 한쪽에 기생하는 관계가 아니라 균형 있게 공생하는 관계로 나아가는 것이 이롭다.

당신은 충분히
스스로
자랄 수 있다

생물학에서 기생은 생물이 숙주를 통해 양분을 얻어 생명을 유지하는 현상을 가리키는 개념이다. 그런데 지금 이야기하는 기생은 관계 유형이고 서로를 연결하는 양분은 존재감에 가깝다. 다시 말해 누군가와 함께 지낼 수 없을 때 자신의 아직 존재감이 부족한 것처럼 느끼는 것이다.

보통 사람에게는 하루 종일 시간을 보내면서 항상 곁을 지켜줄 배우자나 친구가 필요하지 않다. 딱히 누군가와 연락하지 않아도 심리적으로 자신의 존재감을 느낄 수 있다(심지어 매우 편안하고 홀가분한 느낌을 받기도 한다). 오히려 혼자 여가 활동을 하며 자기 삶의 의미를 느꼈을 수도 있다. 아니면 작업하면서 업무상 어느 정도 성과를 냈다는 생각에 뿌듯함을 느낄 수도 있다.

기생형 유형에 속하는 사람들은 혼자 있으면 참을 수 없이 공허한 마음을 느낀다. 사실은 공허한 게 아니라 두렵고 괴로운 것이다. 만약 하루 종일 누구와도 만나지 않으면 그들은 "아무도 날 주목하지 않아", "내가 필요한 사람은 아무도 없어"라며 심리적 결핍 상태에 놓인다. 이로써 자신이 아무 존재 가치가 없다고 느끼고 나아가 극도의 불안감에 사로잡힌다.

보통 사람에게는 타인과 자신이 함께 동등한 자격으로 존재한다. 기생할 사람이 필요한 사람들은 타인이 있기 때문에 자신이 존재하고, 타인과 교류해야만 자기 존재를 느낄 수 있다.

'내가 존재한다'는 걸 느낄 수 있는 경험을 늘려라

아무도 보살펴 주는 사람이 없으면 당신은 존재하지 않는다고 느끼는가? 존재의 의미를 모르겠고 스스로 뭘 원하는지도 모르겠는가? 혹은 아무도 당신에게 관심을 갖지 않으면 당신은 존재하지 않는 사람이라고 생각하는가? 만약 그렇다면 당신은 자신의 존재 가치를 깨닫지 못하고 시시각각 변하는 기분도 파악할 수 없는 상태다.

기생형 사고방식을 조금이나마 조정할 수 있기를 바란다면 '내가 존재한다'라는 걸 느낄 수 있는 경험을 늘려 보는 게 방법이 된다. 간단한 예를 들어 보겠다. 한 내담자가 친구와 외국 여행을 다녀온 경험을 이야기하면서 다음과 같이 설명했다고 가정해 보자.

"그때 상황이 좀 난감했어요. 아무도 미리 여행지 날씨를 알아 볼 생각을 하지 못했고 전반적으로 차도 많이 막혔죠. 친구는 원래 계획한 일정이 전부 틀어지는 바람에 초조해했어요. 친구랑 사귀는 사람도 화를 냈고요. 저는 근처에 분위기 좋은 레스토랑이 어디인지 검색했어요. 그런데 그 레스토랑 음식 가격이 비싸서 배불리 먹고 호텔에 돌아온 친구들이 돈을 너무 많이 썼다며 불평을 늘어놓더라고요."

"말씀하신 이야기를 들어 보니 친구 분은 계획대로 안 돼서 초조했고, 그 친구 분의 애인은 화를 냈으며, 둘 다 돈을 많이 안 쓰고 싶어 했다는 건 알겠어요. 근데 본인이 어떤 기분이었는지는 알기 어려운 것 같은데요?"

이런 질문은 본인도 기분과 감정이라는 게 있는 존재라는 걸 느끼도록 유도하는 것이다. "그 사람들의 상태가 조금이라도 나아지게 할 방법을 찾아야 한다"와 같은 식으로 기준을 타인에게 둔 채 자신의 존재감을 느낄 필요가 없다고 알려 주는 것이다.

이런 상황에서는 "일정이 틀어져서 나도 실망스러워. 나도 피해자야", "일정이 순조롭지 않은데 친구가 화까지 내니까 존중받지 못한 기분이야", "내가 자기들 생각해서 대안까지 찾았는데 불평이나 하고 섭섭하네"와 같은 생각을 할 수 있는지 없는지가 자신의 존재감을 되찾는 중요한 열쇠가 될 것이다.

동시에 우리 자신의 요구와 타인의 요구를 구분하는 법을 배우는 것도 자신의 존재감을 경험하는 방식이다. 좀 전의 간단한 대화로 돌아가 보면, 자아 존재감이 부족한 내담자들에게서는 위와 같은 경험을 했을 때 "그날 밤에 다 같이 분위기 좋은 레스토랑에 가서 음식을 먹어야 한다"라는 해석이 나올 가능성이 높다.

하지만 이것은 '관계의 존재'를 해석하는 것이지 '나의 존재'를 이해하는 것은 아니다. 자아 존재감이 느껴지는 해석은 다음과 같다.

• 전 친구들이 최대한 빨리 화해하기를 바랐어요. 그래서 돈이

많이 들더라도 그 방법을 시도해 보려고 한 거죠. 제 계획이 당시 친구들의 기분에 어울리는 방법이었는지 아닌지는 평가하기 어려워요.

• 일정이 틀어져서 저도 너무 아쉽더라고요. 그래서 저도 근사한 레스토랑에서 음식을 먹으면서 위로받고 싶었어요. 물론 친구들은 다른 걸 원했을지도 모르겠지만요.

객관적인 일의 결과는 같고 해석에 있어서 약간의 차이가 있을 뿐이지만 이런 식으로 이해하는 것이 확실히 한 사람의 자아 상태에 매우 중요한 영향을 끼친다.

우리가 능력과 습관을 길러서 자신의 감정과 요구에 더 많은 관심을 기울이고, 매사에 나에게 필요한 것과 상대방에게 필요한 것이 무엇인지 분명하게 구분하면 섣불리 기생하는 방식으로 친밀한 관계를 이어가지 않고 두 사람 각각의 상태가 어떤지, 무엇이 필요한지 느낄 수 있을 것이다.

나를 구할 수 있는
유일한 사람의
정체

기생형 관계 유형은 본질적으로 자신을 상대방에게 맡기고 싶어 하는 의존 욕구가 발현된 것이다. 이런 의존 욕구는 친밀한 관계에서 상대방이 지속적으로 자신을 극진하게 보살피고 사랑해 주면서 왕자나 공주가 된 기분을 느끼게 해 주길 기대하는 것으로 나타난다.

가끔은 부모와 자식 간의 관계에서도 이런 의존 관계가 나타난다. 자녀가 성인이 되고 나서도 여전히 모든 일을 부모가 시키는 대로 따르는 소위 마마보이, 마마걸이 이런 관계 유형에 속한다.

만약 당신에게 뚜렷한 의존 욕구가 있는 것도 아니고 딱히 이런 유형의 사람들과 지낸 적도 없다면 기생형 유형인 사람들과의 관계가 이상하고 과장된 것처럼 보일 수 있다. 그렇게 의존 욕구가 높은 사람에게 관심을 보일 사람은 없다고 생각하기 때문이다. 그리고 왕자병이나 공주병이 있는 사람을 선택해서 기생형 관계에 굳이 제발로 뛰어드는 사람도 없을 거라고 여긴다. 상당히 이성적이고 합리적인 판단이지만 안타깝게도 현실은 그렇지 않다.

상대가 기생할 숙주가 될 수 있다는 사실이 매력적이라고 생각하는 사람들이 있다.

- 전 제가 사랑하는 여자를 세심하게 보살피고, 그녀가 사 달라는 건 다 사주며, 그녀가 가고 싶다고 하는 곳은 다 데리고 가줘요. 그녀는 제가 모든 일을 도와주기를 원하죠. 제가 얼마나 매력적이고 능력 있는 성공한 남자입니까!
- 남자는 자존심이 중요하잖아요. 제가 그 사람을 사랑하기로 한 이상 당연히 그 사람을 지켜 주고 보살피며 감싸 안아야죠. 그 사람이 저한테 바라는 게 있으면 저는 최선을 다해서 들어줘요. 그래야 배려심이 깊은 좋은 여자라고 할 수 있죠.

이런 사람이 기생하며 사는 데 익숙해진 배우자를 만난다면 천생연분일 것이다.

상대방 앞에서 이런 말을 대놓고 한 건 아닐 수 있다. 실제로 어떤 사람들은 친밀한 관계에서 자신이 이런 역할을 할 수 있기를 기대한다. 의식적으로나 무의식적으로 다른 사람이 기생할 수 있게 스스로 숙주가 되고 싶어 하는 것이다. 이런 기대가 만약 의존 욕구가 강한 대상을 만난다면 마른 장작에 거센 불이 붙은 것처럼 활활 타오를 수 있다.

이런 관계가 오래 지속되는 것은 정말 어렵다. 마른 장작들이 수많은 현실적인 조건에 가로막히면 그냥 모조리 다 타 버릴 수도 있다.

앞에 나온 S의 사례처럼 결혼하고 나서 남편이 사업을 운영하는 데 문제가 없고 경제적인 어려움을 겪지 않았다면 S과 남편의 관계는 그토록 짧은 시간 안에 급속도로 악화하지 않았을 수도 있다. 어쨌든 남편은 S과 지내면서 "나는 슈퍼맨이다", "아내의 인생에서 나는 영웅이다"라는 심리적인 만족감을 얻었을 테니까 말이다.

슈퍼맨과 영웅이 되고 싶었던 숙주가 함께 사는 동안 어찌할 수 없는 거대한 스트레스를 받으면 숙주 본연의 능력은 대폭 줄어들고 기존의 기생 관계에도 균열이 생긴다.

그렇기 때문에 기생형 관계 유형에서 기생하는 쪽만 자신의 존재감을 조정하는 법을 배우는 것이 아니라 기생을 당하는 쪽도 자신이 지나치게 완벽한 숙주가 되려고 하는 것은 아닌지 한번 생각해 보면 좋다. 아무리 좋아도 상대방을 대신해 모든 고생을 마주하고 처리하는 것은 불가능하다. 친밀한 관계라고 해서 상대의 모든 부정적인 감정들을 떨쳐 버리게 도와줘야 하는 것도 아니다.

상대방의 모든 면을 챙기겠다는 마음을 살짝 내려놓고 두 사람이 서로를 만족시키지 못할 때도 있다는 것을 배운다면, 꿈에 그리던 완벽한 관계와 멀어질지는 몰라도 두 사람의 친밀한 관계는 한층 더 진실하고 편안해질 수 있다.

'세트' 말고
'단품'으로
살아가 보자

인생 초반에는 대부분 사람에게 자신을 주로 보살피는 사람이 있다. 대개 부모가 그 역할을 맡는다. 부모는 우리가 울고불고 난리를 피울 때 문제를 해결하고, 또 배고플 때 음식을 먹이며, 아플 때도 우리를 챙긴다.

기생형 관계 유형의 사람은 성인이 되고 의존 욕구가 강해지면 부모처럼 의존 세트를 제공해 줄 수 있는 사람을 찾게 된다. 한 사람에게 자기가 원하는 보호와 지지를 받고 그 사람이 자신의 모든 불편함을 없애 없애 주기를 기대한다.

그런데 이처럼 모든 달걀을 한 바구니에 담아 단번에 문제를

관계가 상처가 되기 전에

해결하려는 방법이 바로 기생형 유형의 관계가 한번 틀어지면 다시 되돌리기 어려운 이유다. 분명히 달걀을 몇 개 담을 수 없는데도 엄청 용량이 크다며 우리를 속이는 바구니를 만났을 때는 특히 더하다. 모든 면에서 자신의 인생을 구원해 줄 영웅이 있을 거라고 착각하지만 얼마 지나지 않아 마음은 실망감으로 가득 찰 것이다.

때로는 불만족스러운 둘보다 외로운 혼자가 낫다

모든 면에서 만족스러운 세트를 찾는 것보다는 단품으로 잘 지내는 것이 나을지도 모른다. 예전에 많은 내담자와 그들의 친밀한 관계를 분석하면서 그들이 관계를 통해 구체적으로 어떤 욕구를 충족했지 살펴보았다. 일반적으로 내담자들이 언급한 내용들은 이러했다.

- 내 마음 이해해 주기
- 내 생각 지지해 주기
- 스킨십을 통한 친밀감 느끼기
- 내 삶을 함께하기
- 내 일상을 챙겨 주기

- 같은 취미 공유하기
- 관심받는 기분 들게 하기
- 성적 만족감 주기
- 미래가 있다는 느낌 주기
- 삶의 이치를 가르쳐 주기
- 내가 하고 싶은 일을 하게 해 주기
- 금전적, 물질적으로 만족시켜 주기
- 힘들 때 대신 화내 주기
- 나 스스로 대단하다는 생각이 들게 칭찬해 주기
- 내 지시대로 해서 내가 영향력이 있다는 생각이 들게하기
- 내 보살핌을 받아서 내 도움이 필요한 사람이 있다고 느끼게 해 주기
- 자식을 낳고 가정 꾸리기
- 내가 불만을 터트리게 해 주기
- 내 성질을 받아 주기
- 내 일을 정하고 감독해 주기
- 내가 결정할 수 있게 도와주기

사람마다 필요한 게 다르고 친밀한 관계마다 본질도 제각각이기 때문에 관계에 존재하지 않는 욕구가 있다고 말하기는 어렵다. 그런데 어떤 관계는 감당할 수 있는 욕구의 수량이 제한

적일 가능성이 높다.

　이런 기대량의 차이를 이해하는 것이 기생형 관계 유형의 문제를 해결하는 데 도움이 된다. 이들은 일상생활의 모든 부분에서 바라는 욕구를 전부 어느 한 대상에게만 기생하며 충족하려 들고, 친밀한 관계라면 위의 모든 욕구를 완전히 만족시켜야 한다고 믿는다. 그래서 관계에서 뿐만 아니라 일이나 여가활동, 혹은 또 다른 사람과의 만남을 통해서도 만족감을 채울 수 있다는 사실을 잊는다.

의존하기보다는
의지하자

　만약 내담자에게 "상대방이 본인의 어떤 욕구를 만족시켜 줘야 한다고 생각하나요?"라고 물어본다고 하자. 예를 들어 열 가지 이상을 이야기한다면 그의 친밀한 관계가 기생형 관계 유형에 속할 가능성이 있지는 않은지 추측이 가능하다. 따라서 내담자가 모든 만족감을 친밀한 관계에 기대는 습관이 있다거나 누군가가 자기 인생을 구원해 줄 수 있다고 기대하지는 않는지 주목할 것이다.

　이런 대화를 통해 모든 욕구를 정리한 뒤 만약 내담자와 내가 안정적인 관계를 형성했다면 살짝 농담을 섞어서 대답할 수 있다. "와, 본인의 친구는 좋은 친구가 되어야 하는 것 외에도 부모, 연인, 부하직원 역할까지 해야 할 것 같아요. 삶이 엄청 바쁘겠네요!"

　타인에게 의존한다는 게 본질적으로 나쁜 일은 아니다. 하지만 신중하게 계획해야 한다. 의존할 수 있는 대상을 다양한 인생의 범주에서 찾는 것이 반복되는 실망에서 벗어날 수 있는 길이다.

　감정, 가정, 일, 여가 활동, 정신 등 일상에서 바라는 다양하고 복잡한 욕구를 어느 만능인 대상 하나를 통해 완벽한 만족감을 얻으려고 기다리기보다, 각 분야에서 믿고 의지할 수 있는 사람을 찾아 그 '단품'들을 조합해서 우리 내면의 '욕구 세트'를 완성해 볼 수도 있을 것이다.

CHAPTER 8

이제는
함께
행복해지고 싶다

동등한 관계를 만드는 법

적절한 시기에 자신을 제대로 알려는 의지가 생기고
통제가 되지 않는 마음을 바로잡으면
우리는 스스로를 괴롭히는 관계의 길에서 벗어나
지난날의 아픔에 종지부를 찍을 것이다.

상대방에게
많은 것을
원하는 사람들

지금까지 여섯 가지의 관계 유형 이야기를 살펴보았다. 이 가운데에 혹시 가까운 관계에서 경험한 감정과 비슷하다고 느낀 부분이 있는지도 모르겠다.

모든 관계 유형이 저마다 독특한 양상을 보인다. 그러나 막상 이런 다양한 유형의 이야기를 한군데에 놓고 보면 시작점에 서로 유사한 내면의 불안, 갈등, 충돌 문제가 있다는 사실이 보인다.

관계 속 문제의 원인은
여러 가지 방면에서 살펴야 한다

성장 과정에서 자신이 중요한 사람이라고 느끼지 못하고 자존감이 심하게 결여되면 친밀한 관계를 시작할 때 어떻게든 자신의 가치를 느끼기 위해서 스스로를 희생하고, 이전에 충족하지 못한 가치감을 채우기를 바란다.

만약 예전부터 줄곧 자신을 위해 살아도 된다는 사실을 경험하지 못했다면 누군가에게 기생하며 불안감 문제를 회피할 확률이 높다.

실제로 우리는 친밀한 관계에서 친밀감뿐만 아니라 가치감, 존재감, 권력감 등을 함께 얻길 원한다. 다시 말해 누군가와의 관계 속에서 문제를 개선하고 싶다면 단순히 두 사람이 어떻게 하면 더 친밀하고 다정해질 수 있는지만 생각하는 걸로는 부족하다는 뜻이다.

건전한 관계는 두 사람이 느끼는 관계의 친밀도만 놓고 볼 것이 아니라 이 관계가 서로에게 자신의 가치, 쓸모, 영향력이 부족하다고 느끼게 하지는 않는지를 생각해야 한다.

심리적인 느낌을 설명하는 게 조금 추상적으로 들리지만 모든 관계에 매순간 실제로 존재한다. 아래 몇 가지 간단한 예를 보면 불안한 감정을 느끼게 하는 관계가 무엇인지 직접적으로 느낄 수 있을 것이다.

"전 그 사람이 결정하는 데 아무 영향력이 없는 것 같아요. 그 사람이 대부분 일을 처리하는데 무엇이든 자기 마음대로 처리해요. 제 생각이나 감정은 신경도 안 써요. 직장을 옮기는 것도 거의 일이 마무리된 후에야 저한테 알리는 식이죠. 제게도 의견이 있다는 생각이 들지 않나 봐요."

상대방에게 어떠한 영향을 주지 못하는 상황은 권력감 결핍 문제를 일으킬 수 있다.

"그 사람에게 제가 별로 중요한 사람인 것 같지 않아요. 혼자서도 잘 지낼 사람처럼 보이거든요. 저보다 취미, 친구, 성과를 더 중요시해서 솔직히 그 사람에게 제가 아무 의미 없는 존재처럼 느껴져요."

상대방이 필요한 사람이라는 느낌을 주지 못할 경우 관계에서 마땅히 느껴야 할 가치감을 충족할 수 없다.

"전 항상 그 사람에게 지적만 받은 것 같아요. 다른 사람과 비교하는 건 다반사고요. 다른 사람 애인은 할 수 있는 기본적인 일을 저는 왜 못하느냐고 불평하기 일쑤였죠. 한번은 저도 알고 그 사람도 아는 친구들 앞에서 대놓고 저를 향한 불만을 얘기했어요. 농담조로 말했지만 자기가 늙고 약해져서 저랑 사귄다는 소릴 하더군요."

상대에게 긍정적인 평가를 듣지 못하고 자신에게 좋은 점이 있다는 걸 느끼지 못하면 친밀한 관계에서 마땅히 느껴야 할 가치감을 충족할 수 없다.

앞에서 나온 불건강한 관계 유형의 문제들이 생각날 것이다. 그러나 친밀한 관계에 있는 두 사람에게 이와 비슷한 감정 상태가 나타나더라도 그 관계가 문제가 될 만한 관계 유형에 돌입했다는 사실을 증명하는 것은 아니다. 두 사람이 오랜 시간 친밀한 관계를 유지해 왔다면 그동안 적응해야 하는 수많은 난제를 두고 끊임없이 소통, 협조, 타협하고 다시 소통하는 과정을 겪으며 서로의 거리를 좁혀 왔을 테니까 말이다.

그러나 이런 상태가 만약 누군가의 아픈 경험과 딱 맞아떨어져서 그 사람의 성장 과정에서 심긴 지뢰를 작동시키면 괴로운 관계 유형 상태로 돌입하게 될 수 있다.

자존감을 충족하지 못하면
어떻게 될까

앞에서 나왔던 어린 시절에 자존감을 충족하지 못한 사례들을 떠올려 보자. 상대방에게 원망과 불평을 들은 한쪽이 때마침 성장 과정에서 자존감을 형성하지 못하도록 공격당한 사람이라면 자존감은 그 사람의 약점이 된다. 상대방의 불만을 느끼는 순간 크게 감정적인 동요가 일어나 자기도 모르게 희생형 관계 유형으로 빠져드는 것이다.

이처럼 관계 속 문제는 두 사람이 서로 친밀한가 아닌가의 문제보다 누군가의 불안정한 심리 상태에서 시작된 경우가 많다. 살면서 극심한 심리적 고통을 경험했다면 나와 잘 맞고 친밀한 사람을 만났다고 해도 여전히 내면의 문제를 손봐야 한다. 그런데 이때 부적절한 방법을 택하면 심리적 문제를 해결하는 수단으로 누군가를 만날 수 있다. 이런 경우 스스로 풀기 힘든 수많은 감정에 매몰되면서 관계가 더 어렵고 가혹한 방향으로 흘러갈 가능성이 크다.

이는 많은 사람이 실제로 경험하는 관계 유형의 양상을 이 책에서 소개하는 여섯 가지 유형으로 딱 잘라 구분할 수 없는 이유이기도 하다. 자신이 겪은 관계 유형을 단순하게 어느 한 유형에 넣기가 힘든 것이다.

관계 이전에
나 자신과
가까워져야 하는 이유

우리는 성장 경험을 통해 어느 한 가지 심리적 문제만 느끼지 않는다. 동시에 두세 가지가 뒤섞인 감정을 느끼며 여러 가지 유형이 뒤섞인 채로 관계가 악화될 가능성이 높다.

예전에 만났던 한 내담자는 성장할 때 겪었던 존재감과 압박감 문제로 동시에 심각한 내적 고통을 느꼈고, 성인이 된 후에 기생형과 증오형이 뒤섞인 관계 유형의 문제에 직면했다. 내담자는 자신의 과거 경험을 이야기할 때 존재감과 압박감 문제를 겪게 만든 어머니의 엄격한 훈육 행위를 자주 언급했다. 예

관계가 상처가 되기 전에

를 들면 이런 것이다.

"어머니는 제가 어떤 기분이고 제 마음이 어떠한 상태인지 전혀 신경 쓰지 않았어요. 제가 힘들어해도 저를 몰아세웠죠. 제가 기억하기로는 한동안 전 여동생을 정말 싫어했어요. 근데 어머니가 이 일을 꽤 민감하게 받아들였고 제게 무슨 일을 하든 무조건 동생에게 양보하라고 강요했어요. 동생이랑 싸우면 이유가 뭐가 됐든 다 제 잘못이었어요. 어머니는 저를 때리면서 동생한테 사과하라고 했고요. 어머니가 이웃들이 보는 앞에서 심하게 욕하고 뺨까지 때렸어요. 보다 못한 이웃들이 어머니를 말릴 정도였죠."

내담자 어머니의 행동은 그의 감정을 심하게 억압했다. 따라서 내담자에게 자신의 부정적인 기분과 불만을 배척하는 마음이 생겼고, 관계에서 심리적 문제를 경험하게 된 것이다. 또 내담자의 존엄성을 고려하지 않은 어머니의 태도는 사람들 앞에서 내담자의 체면을 떨어트리고 내담자가 "난 존중받지 못해", "난 주목받을 가치가 없어"라며 스스로를 존중하지 못하도록 만들었다.

과거가 남긴 과제를
처리해야 한다

이런 이유로 이 내담자는 기생형 유형의 문제의 수준을 뛰어 넘어 상대방의 인생에 자기 혼자만 남기를 간절히 바랐다. 상대방이 최대한 다른 사람과 적게 만나며 자신과 상대방의 삶이 하나가 될 수 있기를 기대한 것이다. 그러다가 시간이 좀 지나서 상대방이 자신에게 소홀하고 자신의 기대를 저버리는 느낌을 받게 되면, 감정이 폭발해 미친 듯이 폭언과 악담을 퍼붓고 신체를 물리적으로 잡아끄는 행동까지 나타났다.

만약 이런 복합형 관계 유형에 빠진다면 친밀한 관계는 더 힘겨운 단계에 돌입한다. 이를 해결하기 위해선 자신을 수없이 단련하며 과거의 내 삶이 남긴 과제를 처리해야 한다. 그 수많은 과제 중에 가장 먼저 처리해야 할 것은 부모와의 문제일 확률이 높다.

관계의 문제가 시작된
처음으로
돌아가라

내담자들과 관계 유형을 논의할 때 '책임 귀속', '시시비비' 부분에서 자주 거대한 난관에 부딪혔다.

대부분의 내담자는 상담의 많은 부분을 자신의 성장 경험이 지금의 관계에 어떤 영향을 주었는지를 파악하는 데 쓴다는 사실을 알았을 때 약간의 거부 반응을 보였다. 또는 이런 질문을 던졌다.

"이건 책임을 전가하는 거잖아요? 제가 이러는 게 마치 우리 부모님이 절 이렇게 만든 거라고, 이게 다 다른 사람 잘못이라고 말하는 것 같은데요?"

일부 내담자는 이런 의구심을 보이며 자신이 남 탓만 하는 소용돌이에 빠졌다고 걱정했다. 또는 자신이 동정을 받을 가치도 없다고 여기며 자기비판을 시작한 내담자들도 있었다. 그들은 억울하고 화난 부정적인 감정을 함께 돌아보면서 자신의 불편함을 부인하거나 심지어 자신이야말로 형편없는 사람일지 모른다고 말하곤 했다.

"그런 식으로 말하는 건 부모님한테 좀 불공평한 것 같아요. 선생님은 제가 말한 것만 들었잖아요. 선생님이 부모님께 여쭤 보면 저 때문에 많이 속상했고 당신들이 더 불쌍하다고 말할지도 몰라요."

세상에 나쁜 부모는
없다는 착각

내담자 개인이 느끼는 심리 상태는 각자 미세하게 달랐지만 대체로 부모의 문제를 인정하는 부분에 있어서는 지나치게 고집스러운 면이 있었다. 마음속에서 부모의 완벽한 상태를 유지하고 보호해야 하며 그들은 말은 다 옳은 것이라고 믿고 싶

어 했다. 또한, 부모가 잘못을 해도 이유가 있을 것이라고 인정
하게 만드는 강한 신념이 머릿속에 새겨져 있었다. "세상에 나
쁜 부모는 없다"라는 믿음 말이다.

만약 자신의 마음을 들여다보는 과정에서 부모에게 동조하
는 반응이 뚜렷하게 나타나면 유심히 살펴야 한다. 그렇지 않
으면 계속 성장하는 데 걸림돌이 되기가 쉽고 제대로 처리하지
못하면 이 문제로 성장이 멈추거나 아예 성장을 포기하게 될
수도 있다.

"부모 탓을 하면 안 된다"라는 생각이 본질적으로 잘못된 것
은 아니다. 인생을 살다 보면 책임 소재를 파악하거나 옳고 그
름을 판단할 수 없는 일들이 너무나도 많지 않은가? 문제는 이
런 생각들이 많은 부작용을 낳는다는 것이다. 이 부작용은 개
인이 성장하는 데 반드시 거쳐야 할 과정을 방해한다.

당신의 감정은
언제나 중요하다

자주 나타나는 부작용 중 하나가 바로 내담자가 자신의 감정
과 멀어지는 선택을 하는 것이다. 상담 과정에서 내담자가 자
신이 생각하는 완벽한 부모의 이미지를 보호하려고 할 때 "사

실 내 감정은 그렇게 중요하지 않다"라고 말하면서 본인이 느끼는 감정을 축소하려는 것처럼 느껴졌다. 예를 들면 이런 것이다.

"제가 예전에 느꼈다던 감정들이 무조건 맞는 것도 아니고 그런 감정이 중요한 것도 아니에요. 그래도 전문가의 의견을 듣고 싶긴 해요. 객관적으로 제 관계를 변화시킬 수 있는 방법이 있으면 알려 주세요."

한 사람의 심리 건강을 유지하는 데 가장 중요한 요소는 바로 자신이 경험한 감정을 바로 이해하고 감정을 조절하는 적절한 방법을 찾을 수 있는지의 여부다. 우리가 자신의 감정을 탁월하게 처리할 수만 있다면 객관적으로 해야 하는 많은 일을 자연스럽게 할 수 있게 된다. 반대로 우리가 자신의 감정을 받아들이길 거부해서 뇌가 감정의 간섭을 자주 받게 되면 객관적으로 무엇을 해야 하는지 알아도 일을 엉망진창으로 처리하기 쉽다.

스스로가 객관적이고 이성적이길 원한다면 무엇보다 자신의 감정을 잘 파악하는 방법을 배워야 한다. 그런데 일단 "내 감정은 그렇게 중요하지 않다"라는 생각에 빠지면 성장 경험이 만든 불편함을 생각하지 않기 위해서 감정과 멀어지는 선택을 한다. 그런데 이성과 멀어지면 불건강한 관계 유형에서 벗어나는 효과적인 방법을 찾기 힘들 수밖에 없다.

그가 먼저 상처 받았다고 해서 당신이 아프지 않은 것은 아니다

성장 과정에서 겪었던 부모님의 문제를 거부하는 부작용을 마주했을 때 어떻게 생각하고 행동해야 할까? 이는 내담자 한 사람의 문제에서 두세 사람, 심지어 온가족의 문제로 논의를 확대해야 한다는 것을 의미한다.

내담자의 심리적 거부감을 푸는 것에서 시작해 서서히 그의 '공평함'에 더 부합하는 방향으로 상담을 진행해야 한다. 한때 증오형 관계 유형을 경험한 내담자는 상담 때 나와 다음과 같은 대화를 나누었다.

"제가 어머니에게 말로 억압받은 일을 이야기한 것은 그냥 상처 받은 저의 개인적인 느낌일 뿐이지만 이런 감정들은 옳지 않죠. 어머니에게는 불공평한 거니까요. 어머니도 많이 힘들었어요. 저보다 더 고생하고 더 가엾은 분이에요."

어머니가 준 영향을 생각해 보는 과정에서 내담자는 자신의 감정을 이해받아야 하는 대상으로 생각하지 않고 초점을 다른 곳으로 옮기기 시작했다.

"어머니의 고충과 관련된 이야기를 해 볼까요?"

"사실 가정에서 어머니가 받은 압박이 컸어요. 저희 집이 가부장적이었거든요. 어머니는 아버지에게 시집 온 후로 생활이 자유롭지 못했어요. 드센 시어머니도 상대해야 하고 자식을 위해서 본인이 관심 있던 일도 포기해야 했죠. 어머니가 원하는 대로 제가 반응하지 못할 때도 많았어요. 제가 어머니를 위로하지도 못하고 듣기 싫은 말로 받아치기까지 하면 어머니가 많이 힘들어했어요. 그러니 저를 그런 식으로 대하신 것도 어떻게 보면 당연해요."

"과거를 돌이켜 보면 어머니도 본인도 다 힘들었어요. 본인과 마찬가지로 어머니도 기분이 상하는 상황들을 마주했고요. 어머니와 본인 둘 다 관심과 이해를 받을 필요가 있어요."

내담자는 어머니가 처했던 환경을 이야기하면서 그 환경을 어머니가 자신을 억압한 이유로 합리화했다. 그래서 논점을 다시 내담자 본인에게로 돌리는 데 집중했다.

이런 식으로 생각해 보면 관계를 생각할 때 나타날 수 있는 맹점을 피할 수 있다. 관계에 문제가 생기면 틀림없이 누군가 잘못을 저지른 사람이 있다고 오해하며 관계를 대립 상태로 이해하려는 맹점 말이다.

서로의 상처를
들여다보는
유일한 방법

대립 상태는 어디에서나 볼 수 있다. 예를 들어 남편은 그냥 아내에게 자신이 시간을 착각한 이유를 설명하는 것뿐인데 화가 난 아내는 이런 식으로 대답한다.

"그러니까 당신은 잘못한 게 없고 내가 잘못했다는 이거지?"

이러한 사고방식은 친자관계에서도 적용될 수 있다. 친자관계에서 비롯한 상처는 되도록 자녀가 책임을 져야만 부모님을 자신이 원하는 올바른 모습으로 지킬 수 있다. 앞서 언급한 대

관계가 상처가 되기 전에

화를 떠올려 봐도 알 수 있듯이 내담자는 자신의 고충을 보기 시작하면서 부모님과의 대립 상태를 이해했기 때문에 자신의 상처를 털어놓는 것이 "내가 고생을 해서 어머니는 고생을 안 한다"라고 말하며 어머니를 비난했다는 생각이 든다. 마음속에 있던 기존 설정을 부정하고 대화를 계속 이어 나가면 안 될 것 같은 기분이 드는 것이다.

왜 누군가는 가해자가 되고 누군가는 피해자가 될까?

실제로 친자관계에서 생긴 상처는 단순히 두 사람 중 어느 한 사람의 상태가 아니라 두 그물이 얽힌 상태에서 비롯한다. 수십 년에 걸쳐 심리학자들은 신체적, 언어적 폭력을 포함한 상처 주는 행동을 두 가지 방면에서 연구했다. 가해자가 왜 나타났는지 탐구하는 것과 어떤 사람들이 쉽게 피해자가 되는지 분석하는 것이다.

2013년 캐나다의 매니토바대학교와 런던정치경제대학교 심리학과 교수들이 중요한 사실을 발견했다. 가해자가 폭력을 행사하는 요소와 피해자가 피해를 당하는 요소에 상당히 유사한 패턴이 나타난 것이다. 간단히 말해서 가해자가 피해자일 수도 있고 피해자가 가해자가 될 가능성도 높다는 소리다.

여기에서 다룬 내담자의 경험을 토대로 말해 보자면 그의 어머니가 이런 경우에 해당한다. 내담자의 어머니는 피해자로서 가부장적인 집안에서 압박을 견디고 끊임없이 자신을 잃어 가는 것 같아 고통스러웠을 것이다. 그러나 도망칠 수 없었다. 내담자의 어머니는 자녀에게 욕설을 퍼부으며 언어적 폭력을 가하고 내담자가 심리적으로 성장하지 못하게 짓눌렀다. 피해자가 가해자로 전환한 것이다.

물론 한때 폭력의 피해자였던 내담자가 심리적으로 온전히 성장하지 못했다면 본인 또한 다른 가해자가 됐을 가능성이 높다. 가까운 사람을 피해자로 만들고 뒤얽힌 그물을 더욱 복잡하게 엮어 갔을지도 모를 일이다.

더 높은 전망대에 올라간다면 더 많은 풍경을 볼 수 있다. 그런데 거기에 가해자가 피해자를 괴롭히고, 못된 부모가 힘없는 아이를 괴롭히며, 자기 감정을 통제하지 못하는 배우자가 상대방을 억압하는 장면은 없을 수도 있다. 대신 복잡하게 얽힌 그물 안에서 수없이 많은 고통을 느끼며 제 몸 하나 건사하지 못한 채 주변 사람과 상처를 주고 받는 한 사람이 보일 것이다. 이 한 사람은 바로 당신 자신이다.

자신의 모습을 보면 눈물을 흘릴 것이다. 이처럼 부모에게

받은 흉터를 제대로 드러냈을 때 마음의 제방도 무너질 수밖
다. 이러한 풍경들은 자신의 모습을 바로 알고 부정적인 관계
유형이 반복되는 것을 피할 수 있도록 도와줄 것이다.

상처의
대물림을
끊으려면

2014년 한 이탈리아 심리학자가 사람들이 앓고 있는 여러 심리 문제들이 세대 간 복제될 가능성이 높다는 걸 알아냈다. 극심한 심리적 고통을 느낀 부모의 자녀들은 심리적 문제를 안은 채로 성장하기 쉽다는 얘기다.

꽤 비관적이고 운명론처럼 들리기도 하는 연구 결과이지만 개인적으로 이 결과가 실제로 나타나는 현상과 큰 차이가 없다고 확신한다. 인간은 습관의 동물이다. 기를 쓰고 노력해서 바꾸려고 하지 않는 한 과거를 미래에 복제하기 쉽다.

상처는 계속
대물림된다

심리적인 문제가 계속 복제되는 이런 현상은 일상 속 다양한 관계에서 관찰할 수 있다. 친자관계에서 부모가 자녀를 통제하며 훈육하는 상황을 예로 들어 보자. 만약 일상생활에서 받는 스트레스가 너무 커서 심리적인 문제가 생기면, 부모는 자신의 자녀를 통제하려고 한다. 아이를 키우면서 여러 통제 수단을 활용하기 때문에 아이는 "내가 부모님 말대로 안 해서 결과가 안 좋으면 내가 다 책임져야 돼"라는 생각을 하게 된다.

오랜 시간이 지나면 자녀는 스스로 힘이 없는 사람이라고 느끼고 일상생활에서 자신의 감정을 통제하지 못하는 상황을 경험할 수 있다. 아이가 크는 과정에서 부모가 "너 혼자 힘으로 어떻게 성공할 수 있겠어", "내가 없으니까 안 되잖아", "넌 아직 어설퍼"라는 메시지를 계속 전달하면 심리적 문제는 부모에게서 자녀에게로 복제된다.

심리적 고통을 경험해서 불건강한 관계 유형에 속하는 사람으로 자란 우리는 부모의 관계 유형 과정도 목격했을까? 가끔 내담자들은 다음과 같은 반응을 보였다.

- 지금 보면 친밀한 관계에서 제가 느끼는 불편함이 예전에 부모님 사이에서 느껴지던 그 불편함과 많이 닮은 것 같아요.
- 솔직히 말하면 그 사람이 아버지처럼 되지 않았으면 하는 마음에서 그런 방식으로 대하는 거예요.

내담자와 상담하면서 이와 유사한 말을 듣게 될 때마다 그가 성장하는 중요한 계기로 받아들인다. 친밀한 관계를 회복하려고 노력한 수많은 내담자가 성장 과정에서 공통적으로 경험한 것이기 때문이다.

관계는
대물림된다

인정하기 싫을 수도 있지만 관계에서도 우리는 모두 습관의 동물이다. 사람들은 보통 관계에 있어서 자신의 임기응변 능력을 과대평가하는 경향이 있는데 사실은 과거의 경험과 습관을 따라 새로운 대상을 찾고, 그와 어울린다는 사실을 모르는 것이다.

예전에 부모에게 맞았던 사람은 커서 자식을 때리기 쉽고, 팀장에게 괴롭힘을 당했던 사람은 관리자가 돼서 신입사원을 괴롭히며 자신이 어떻게 이 자리까지 왔는지 이해시킨다.

물론 다른 각도에서 이 과정을 학습 능력이 뛰어난 것이라며 괜찮게 여길 수도 있다. 확실히 우리는 학습 능력이 뛰어나다. 어렸을 때 부모가 서로를 대하는 방식을 보고 그 방식대로 친밀한 관계를 이끌어 가기 쉽다.

일부 관계 유형의 과정을 보면 정서적으로 심하게 압박을 받고 있을 때 확실히 유년 시절에 본 부정적인 행동과 언어를 학습하기 쉬웠다. 스스로 그런 상태가 옳지 않다고 여기더라도 부모가 겪은 문제를 자신의 친밀한 관계로 확대하고, 반드시 부모와 같은 문제가 나타나는 것은 아닐지라도 그에 상응하는 반응을 보이는 것이다. 이런 상황이 오래 지속되다 보면 상대방이 반격을 가했을 때 피하기 힘들어진다.

- 항상 당신 가족한테 하듯이 날 의심하지 좀 마. 지금 당신이 날 대하는 태도가 당신 어머니가 아버지를 통제하던 방식이랑 뭐가 달라?
- 당신 대체 뭐 하는 거야? 당신 부모 사이에 문제가 있는 거잖아. 내가 당신 적이라도 되는 것처럼 굴지 말라고!

우리는 관계 유형의 고통을 경험한 친밀한 관계가 부딪힐 때 이와 유사한 말을 들을 수 있다. '무신뢰형 관계 유형'을 예로 들어 보겠다. 예전에 한 내담자가 어렸을 때 부모와의 신뢰 관계에 문제가 많았다고 말했다. 이로 인해 어머니는 너무 괴로웠지만 해소할 곳이 없어서 항상 불안한 상태였고 남편에 대한 모든 감정을 자녀에게 쏟아냈다. 내담자는 어머니와 단 둘이 있는 시간이 너무 무서웠다고 했다. 아버지가 집에 없으면 어머니는 감정이 고조된 상태에서 격앙된 어조로 내담자에게 하소연을 하고 그럴듯하지만 별거 없는 감정 교육을 자주 했다. 예를 들면 이런 것이다.

- 주구장창 사랑하고 희생하면 뭐해? 멍청하게 굴지 마. 세상에 믿을 놈 하나 없다.
- 내가 아무리 잘해도 소용없어. 부부 감정은 뒤돌아서면 변한다고. 문제 생겼을 때 믿을 건 너 하나밖에 없어.
- 네 아빠가 문제야. 입만 열면 궤변이지. 남자는 다 사기꾼이야. 절대로 믿으면 안 돼.

어렸을 때 내담자는 이 말의 강도를 아마 이해하지 못했을 것이다. 그런데 친밀한 관계에 문제가 생겨 심리 상담을 받으면서 자신도 어머니와 비슷한 생각을 했고 관계에 대해 안정감을 느끼지 못했다는 것을 깨달았다.

이런 상태에서는 내담자가 객관적으로 믿을 만한 대상과 함께한다고 해도 심리적으로는 여전히 어렸을 때 '학습한 내용'을 자신의 친밀한 관계에 적용하며 작은 흠집에도 예민하게 반응하고, 배우자를 신뢰하지 못하는 고통을 다시 반복한다.

이런 고통을 이성적으로 이해하기란 어렵지 않지만 스스로 깨닫는 것은 거의 불가능하다. 우리가 관계에 속해 있으면 당사자로서 상황을 제대로 파악하기가 어렵다. 우리는 항상 나와 배우자의 생활을 객관적으로 대한다고 생각하지만 자신이 하루 종일 과거의 경험이라는 감옥에 들어간 사실은 잘 알지 못한다.

- 아버지가 한때 도박을 했기 때문에 내 남편이 투자하는 것을 엄격하게 금지했다.
- 어머니가 너무 감정적이라 내 아내의 정상적인 반응에도 극렬하게 반응했다.
- 아버지가 한때 바람을 피웠기에 남편도 바람이 날까 봐 초조했다.
- 어머니의 통제가 심했던 탓에 내 아내가 하는 모든 행동이 나를 통제하려는 것 같았다.

이런 복제가 원래는 단순했던 친밀한 관계를 곤경에 빠트리는 것이다.

문제는
해결하는 것이 아니라
직면해야 한다

대부분의 사람들에게 이런 식으로 소통하며 자기인식에 도움을 주는 믿을 수 있는 심리 상담사를 찾는 것이 쉽지는 않을 것이다. 그렇다면 혼자 힘으로는 어려운 자기인식 문제를 어떻게 해결할 수 있을까?

나는 성격심리학과 관련한 내용을 가르칠 때 교육활동으로 '양측 성격 분석'이라는 방법을 애용한다. 학생들에게 성격 특성 항목표Personality Inventory를 주고 먼저 스스로 본인의 성격을 묘사하게 한다. 그런 다음 친한 친구나 가족 중 누구에게나 메신저로 문자를 보내든 직접 전화를 걸든 동일한 성격 특성 항목표로 '그가 보는 나'의 모습이 어떠한지 분석하게 하는 것이다.

다시 말해서 이 활동이 끝나면 모든 학생이 '내가 생각하는 나의 성격'과 '다른 사람이 생각하는 나의 성격'을 알게 된다. 그다음 이런 '양측 성격 분석'을 대조해서 왜 그런 차이가 생겼는지, 그 차이가 어떤 의미를 지니는지 생각해 볼 수 있다.

우리의 친밀한 관계에 대해서도 우리는 이러한 '양측 분석'을 통해 자기인식이 어려워서 생기는 문제들을 줄여야 한다. 전문 심리학자가 추천한 것이든 일반 교양 서적에서 소개한 것이든 각양각색의 흥미로운 친밀한 관계 항목표를 통해 내가 친밀한 관계에서 어떤 상태에 놓였는지 이해하는 데 도움을 받을 수 있다.

그 사람은 나를
어떻게 생각하고 있을까?

우리가 간과하기 쉬운 것은 이 정보들을 '양측'으로 얻어야 한다는 것이다. 내가 나를 아는 데 그치지 않고 배우자와 서로 판단한 내용을 공유함으로써 '내가 생각하는 친밀한 관계 속 나의 모습'과 '그 사람이 느끼는 친밀한 관계 속 나의 모습'을 비교해야 한다.

도움이 될 만한 항목표가 없다고 해도 기본적인 대화를 통해 상대방에게 물어볼 수 있다.

- 나랑 지내면서 어떤 점들이 좋았어?
- 당신은 우리 관계로 인해서 당신의 인생이 조금 더 나아진 것 같아?
- 지금 우리 관계를 봤을 때 당신이 기대했던 것과 차이가 많이 나는 게 뭐야?

　이 질문들이 조금은 낯간지러울 수 있지만 더욱 폭넓고 깊이 있는 자기인식에는 확실히 도움이 된다. 상대방이 제기한 문제를 우리가 해결할 수 없다고 해도 서로의 감정에 공감해 주는 것만으로 관계는 한결 친밀해질 것이다.

　어쨌든 친밀한 관계는 '문제를 해결해서' 시작된 것이 아니라 어떻게 하면 '함께 문제에 직면할 수 있을지'를 이해하기 위해서 시작된 것이 아니던가!

관계가 상처가 되기 전에

이성적인 생각이
관계를
망치는 이유

친밀한 관계가 건강하면 두 사람이 함께 '이치를 잘 따져 가며' 많은 일을 해결하고 성장한다. 그런데 관계 유형을 하면 '이치를 따져서' 일을 처리하는 것이 딱히 효과도 없고 오히려 역효과를 일으킬 수 있다.

예전에 한 내담자가 갈수록 의존성이 심해지는 배우자 때문에 숨이 막히는 듯한 답답함을 느꼈다. 배우자가 자신에게 개인적으로 숨 쉴 수 있는 공간을 좀 마련해 주기를 바랐지만 아무리 애를 써도 마땅한 대책을 찾지 못했다.

"그 사람이랑 대체 어떤 식으로 이야기해야 좋을지 모르겠어요. 다른 사람들과 소통할 때는 아무런 문제가 없었는데 유독 그 사람하고는 답이 안 나와요. 그 사람이 제기한 문제가 얼마나 어렵든지 간에 저는 시도해 볼 수 있는 방법들을 하나하나 다 얘기해 줘요. 근데 정말로 말이 안 통한다니까요. 자기 생각만하고 제 얘기는 아예 귓등으로도 안 들어요!"

두세 번째 상담에서도 내담자는 여전히 이성적인 관점에서 배우자가 얼마나 막무가내인지 지적했다.

"회사에서 일하는데 무슨 바람이 불었는지 저한테 너무 힘들다면서 보고 싶다, 내가 필요하다, 얘기 좀 하자 이러더라고요. 여건이 안 돼서 바로 답장이나 영상 통화를 못하면 협박에 가까운 메시지를 잔뜩 남기고 '고객이 그렇게 중요하다 이거지?'라며 따져요. 제가 무슨 중죄라도 지어서 그 사람한테 엄청 상처라도 준 것처럼 군다니까요. 전 직장에서 일하는 중이잖아요? 이게 말이 됩니까? 그래서 제가 고객을 만나는 과정이 어떻게 되고 왜 지속 시간이 필요한지, 갑자기 회의가 잡히는 이유는 어떤 것들인지 차근차근 얘기해 줬어요. 제가 새로운 직무를 맡은 지 몇 달 안 됐을 때라 팀장과 고객이 요구하는 사항 중에 제가 어떻게 할 수 없는 부분이 있다고 알아듣게 설명했

단 말이죠. 만약 고객이랑 회의하면 아예 연락을 못할 수 있다, 그래도 두 시간마다 짬을 내서 답장을 하겠다고 했더니 알겠다고 하더라고요. 결과가 어떤 줄 아세요? 그렇게 얘기했는데 2주도 안 돼서 회의 일정이 꽉 차 있는 오후에 기어코 영상 통화를 하자는 거예요. 도통 이해할 수가 없어요. 분명히 얘기가 잘 끝났다고 생각했는데 왜 또 그렇게 된 걸까요?"

이 내담자의 경험이 특수한 케이스가 아니라고 확신한다. 대상이 누구든 간에 일상생활에서 문제를 해결하기 위해 사람들과 소통할 때 우리는 이성적인 언어로 대화할 줄만 알지 감성적인 언어를 적절히 활용하는 법은 잘 모르기 때문이다.

이성적인 사고가 가장 비이성적인 선택지가 될 수 있다

우리는 문제 상황을 분명하게 파악하려고 하는 데 익숙하다. 이성적인 공감대를 찾고 어떻게 적절한 해결 방안을 찾는지 강조하면서 우리 내면에 호응을 기다리는 수많은 감정이 존재한다는 사실은 고려하지 않는다.

여기까지 여섯 가지 관계 유형에 대한 내용을 잘 따라왔다면 다들 확실하게 알았을 거라 생각한다. 모든 관계 유형이 본질적으로 이성적인 이유가 아니라 내면의 감정 문제에서 비롯한 다는 것을 말이다. 성장 과정에서 죄책감, 권력감, 압박감, 존재감, 가치감, 불안감을 제대로 살피고 적절한 조치를 취하지 못하면 오히려 이런 감정들에 매몰되어 이성적인 상태와 환경을 가리는 능력을 상실하기 쉽다.

간단히 말해서 법적으로 음식을 훔치면 안 된다(이성적인 판단)는 건 누구나 다 알지만 배고픔을 주체하지 못하면(감정적 통제 불능) 비이성적으로 행동할 수 있다는 것이다.

위 내담자의 사례처럼 기생형 유형인 상대방에게 이성적으로만 접근해서 문제를 해결할 수 있을까? 객관적인 규칙을 찾는 데 급급해하는 것은 아사 직전으로 배가 고픈 사람에게 "그래도 훔쳐 먹는 짓은 하지 마"라고 말하는 거나 다름없다.

어떻게 보면 지나치게 이성적인 사고방식이 관계의 본질을 제대로 파악하려고 할 때는 오히려 가장 비이성적인 선택지가 되는 것 같다.

내면의 감정을 처리한다는 것 자체가 확실히 쉬운 일은 아니다. 어려서부터 이성적으로 판단해야만 배울 수 있는 과목들이 거의 대부분이었으니 어찌 보면 당연하다.

오늘의
관계를 지키는
따뜻한 말
한마디

앞에서 여섯 가지의 관계 유형과 관련된 설명을 모두 읽은 독자라면 틀림없이 이런 희망을 가질 것이다. 내 힘으로 그 사람과 내가 불건강한 관계 유형에서 벗어날 수 있을지도 모른다고 말이다.

이 희망의 불씨에 살짝 찬물을 끼얹어야겠다. 관계 유형에서 벗어나는 일이 불가능하지는 않다. 그러나 이미 망신창이가 된 자존감이나 존재감 등등 내면의 감정을 다시 바로 세워야 한다. 정말 쉽지 않은 일이다. 기본적으로 전문 심리 상담사의 도움을 받아야만 실현할 수 있다.

물론 목표를 낮춰서 관계를 완벽하게 치유하는 대신 단순한 변화만을 꾀해서 사이가 악화되지 않는 정도로만 만들고자 한다면 실현 가능성은 충분하다.

기본 원칙은 공감하는 언어를 많이 사용하는 것이다. 심한 분노, 불안, 고통 등 부정적인 감정이 친밀한 관계를 악화하지 않도록 관리할 수 있다.

그 사람에게 필요한 건
해결책이 아니라 공감이다

공감하는 언어는 친밀한 관계에서 감정적으로 소통하는 데 도움을 준다. 친밀한 관계에서 우리는 대화의 목적이 문제 해결이라고 생각하고 대화를 시작한 원인을 간과하는데, 그 이유는 각자의 마음속에 "내가 널 신경 쓴다"는 생각이 들어 있기 때문이다.

공감하는 언어를 사용하는 가장 간단한 방법은 어떤 일을 설명하면서 그 뒤에 감정을 전달하는 것이다. 예를 들면 이런 식으로 말해 볼 수 있다.

• 갑자기 그런 상황이 생겨서 많이 슬프고 힘들었지?
• 여보, 내가 어제 친구들 앞에서 그런 식으로 농담해서 기분 나

빴지?

• 일부러 그런 건 아니지만 내가 갑자기 계획을 변경해서 많이 실망했겠다, 그치?

들었을 때는 썩 대단한 말 같지 않지만 마음으로 흘러들었을 때는 따스함을 안겨 준다.

어려서부터 감정적으로 압박을 받으면 자기 감정을 정상적으로 발산할 수 없고 심한 경우 증오형 관계 유형으로 발전한다. 마음이 진정으로 원하는 것은 어쩌면 상대방과 내가 어떻게 하면 다음번에 분노를 통제할 수 있을지 진지하게 검토하는 게 아니라 따뜻하게 안아주면서 이렇게 말하는 것인지 모른다.

"당신이 어떤 기분이었는지 알아들었어. 난 당신 감정이 어떤지 알고 싶어. 당신이 안 좋은 감정을 가지고 있다고 해도 나는 여전히 당신을 사랑해."

만약 가까운 사람이 유년 시절부터 자존감이 부족하고 타인에게 받은 존중과 사랑이 모자라서 희생형 관계 유형에 빠졌을 때 필요한 태도는 "괜한 생각하지 말고 스스로를 잘 챙겨"라고 끊임없이 알려 주는 것이 아니라 따뜻한 눈빛과 함께 이렇게 말하는 것일지도 모른다.

"그거 알아? 당신이 내 곁에 있기만 하면 그 순간이 언제든
내 인생에서 가장 중요하고 소중하다는 걸 말이야."

관계가 상처가 되기 전에

후회, 집착, 불안을 멈추는 관계 회복 심리학

관계가 상처가 되기 전에

1판 1쇄 2023년 11월 27일
1판 2쇄 2023년 12월 27일

지은이 장자치
옮긴이 박소정
펴낸이 유경민 노종한
책임편집 이지윤
기획편집 유노책주 김세민 이지윤 **유노북스** 이현정 조혜진 권혜지 정현석 **유노라이프** 권순범 구혜진
기획마케팅 1팀 우현권 이상운 **2팀** 정세림 유현재 김승혜 이선영
디자인 남다희 홍진기 허정수
기획관리 차은영
펴낸곳 유노콘텐츠그룹 주식회사
법인등록번호 110111-8138128
주소 서울시 마포구 월드컵로20길 5, 4층
전화 02-323-7763 **팩스** 02-323-7764 **이메일** info@uknowbooks.com

ISBN 979-11-92300-97-9 (03180)